Petra Pau

GOTTLOSE TYPE

Meine unfrisierten Erinnerungen

Eulenspiegel Verlag

40 JAHRE

Vier Gebäude prägen das Parlamentsviertel am Spreebogen. Natürlich der Reichstag mit seiner Kuppel. Er ist die Messe, auf der die Fraktionen ihre politischen Angebote präsentieren. Das Paul-Löbe-Haus gleicht einer Manufaktur, in der die Fachausschüsse werkeln. Das Marie-Elisabeth-Lüders-Haus ist ein Dienstleistungskomplex mit der weltweit drittgrößten Parlamentsbibliothek, dem »Wissenschaftlichen Dienst« und weiteren Service-Angeboten. Schließlich das Jakob-Kaiser-Haus, es ist eine Herberge für das Gros der Abgeordneten und noch mehr Mitarbeiterinnen und Mitarbeiter. Genau betrachtet besteht das Jakob-Kaiser-Haus aus acht Häusern, die nördlich und südlich die Dorotheenstraße säumen, sieben Neubauten und ein Altbau. Ausgerechnet dieser »Alte« kann eine Geschichte erzählen, die durchaus typisch für die Neuzeit ist.

Im Sommer 1999 fand der Komplettumzug des Bundestages von Bonn nach Berlin statt. Das war eine logistische Meisterleistung, musste doch Sack und Pack in kürzester Zeit in die Büros geliefert werden, für die sie vorgesehen waren. Schließlich sollte der Bundestag möglichst schnell wieder auf Parlamentstemperaturen kommen, ohne vermeidbare Störungen und Verzögerungen. Die Vorbereitung oblag einer Umzugskommission. In ihr arbeiteten auch Abgeordnete aus allen Fraktionen mit. Und so wurde gemeinsam ausgehandelt, welche Fraktion in welche Berliner Büros ziehen wird. Doch immer, wenn die Rede auf den »Altbau« kam, senkten die Vertreter der CDU, CSU, SPD, FDP und von Bündnis 90/Die Grünen angewidert den Blick: Altbau? DDR? 40 Jahre? – nicht mit uns! Ilja Seifert opferte sich reumütig für die damalige PDS-Fraktion. Er kannte das Gebäude.

So bekam auch ich im Altbau Büros für mich und mein Team. Sie waren höher, weiter und heller als die neu gebauten, und obendrein topsaniert. Bald merkten die anderen Fraktionen, dass sie wieder einmal ihrer eigenen Ideologie über den Osten aufgesessen waren, zu spät. Ihnen blieb der Neid, uns der Komfort.

2002 folgten Neuwahlen zum Bundestag. Am Morgen danach kam ich in mein Büro. Es war nicht mehr meins. Das »Petra-Pau«-Schild war noch in der Nacht abgeschraubt worden. Stattdessen prangte dort jetzt in

zen? Jedenfalls luden wir zur Pressekonferenz, und siehe da: Nahezu alle relevanten Medien kamen, filmten und schrieben über mein Ampelmännchen. Fortan hatte ich immer ein paar Dutzend Abzeichen parat. Sie wurden gern genommen, und nach zwei, drei Wochen konnte man sie bereits an vielen Revers entdecken. Wer sie sah und Bescheid wusste, schmunzelte: Na klar, Petra Pau wählen!

Kurz vor dem Finale meldete sich noch einmal unser damaliger PDS-Wahlkampfleiter öffentlich zu Wort. Er schrieb den einstigen Heym-Wahlkreis kurzerhand ab, also mich. Es war das Jahr, in dem der deutsche Beitrag zum Eurovision Song Contest auf allen Sendern lief: »Guildo hat euch lieb!« Umso überraschender gewann ich am 27. September 1998 mein erstes Direktmandat, mit Ampelmännchen. Man soll kleine Rote eben nicht unterschätzen.

GOTTLOSE TYPE

Es war ein Freitag. Nein, kein 13., sondern der 19. Dezember 2003. Aber für allzuviele sollte es ein schwarzer Freitag werden. Der Deutsche Bundestag tagte das letzte Mal vor dem Jahreswechsel. »Alles muss raus!« Nach diesem Motto galt es, alles zu beschließen, was ab 1. Januar 2004 gelten sollte. Entsprechend prall gefüllt war die Tagesordnung.

Parallel zum Bundestag tagte der Bundesrat, also die Länderkammer. Das war unumgänglich, denn viele Gesetze brauchen die Zustimmung beider Gremien. Noch in der Nacht vom Donnerstag auf besagten Freitag hatte die Vermittlungskommission versucht, Kompromisse zwischen Bundestag und Bundesrat zu finden. Mit Erfolg, am frühen Morgen des 19. Dezember 2003, gegen sechs Uhr, erhielten wir rund 600 Seiten überarbeiteten Gesetzestext. Drei Stunden später wurde die Plenardebatte dazu eröffnet. Gesine Lötzsch und ich beantragten, die Abstimmung zu verschieben. Denn niemand der rund 600 Abgeordneten des Bundestages konnte das Gesamtwerk gelesen haben, geschweige denn wissen, worum es im Detail ging. Notfalls solle der Bundestag am Montag darauf zu einer Sondersitzung zusammen kommen, schlugen wir vor.

Ein Fluch schallte darob böse durch den Plenarsaal: »Gottlose Type!« Schließlich standen die Weihnacht und ein Fest der Besinnung vor der Tür. So etwas belaste man nicht mit weltlichem Firlefanz, mag es dem Kollegen Peter Ramsauer (CSU) durch den Kopf geschossen sein. CDU/CSU, SPD, FDP und Bündnis 90/ Die Grünen folgten ihm und plädierten für Sofortabstimmung!

So trat ein Gesetz eilends in Kraft, das alsbald Millionen Bürgerinnen und Bürger in Armut treiben und deutsche Sozialgerichte hoffnungslos überlasten sollte. Im Volksmund wird es »Hartz IV« genannt.

Apropos »Hartz IV«: Berlins Ex-Senator Thilo Sarrazin (SPD) rechnete später exzellent vor, dass man sich von 4,25 Euro »vollständig, gesund und wertstoffreich« ernähren könne. Das mag für Arbeitslose reichen. Der Tagessssatz für Polizeihunde lag zur selben Zeit von Amts wegen bei 6,80 Euro.

PAU GEHT ÜBERHAUPT NICHT

»Nine-Eleven« steht synonym für die Terroranschläge in den USA am 11. September 2001. Insbesondere die zwei Terrorflüge, die das World Trade Center zum Einsturz brachten, trafen die Weltmacht USA ins Mark. Danach wurden die Sicherheitsbehörden in einem bis dato nie gekannten Ausmaß enthemmt und hochgerüstet. Die USA sollten fürderhin allmächtig und allerorten unangreifbar sein, zu Boden, zur Luft, zu Wasser und im Internet. Nichts, aber auch gar nichts dürfe ihren Geheimdiensten je mehr entgehen. Welches Ausmaß diese Programme nach »Nine-Eleven« annahmen, wurde erst 2013 publik. Der Whistleblower Edward Snowden enthüllte aus Geheimpapieren, dass die NSA im Verbund mit weiteren Geheimdiensten die gesamte Telekommunikation überwache, weltweit. Wer wo und wann mit wem telefoniert, eine E-Mail schreibt oder eine SMS verschickt, alles wird erfasst. Ebenso, wer welche Webseite aufgerufen hat. Totalüberwachung, grenzenlos. »Das ist der größte Angriff auf Bürgerrechte, die Demokratie und den Rechtsstaat in der Geschichte der Bundesrepublik Deutschland«, kommentierte ich daraufhin. Auch Bundeskanzlerin Merkel reagierte: »Unter Freunden tut man das nicht«, ließ sie den Präsidenten der USA Barack Obama grüßen.

Aber auch in Deutschland ging nach dem 11. September 2001 die Sicherheitspost ab. Damals regierten SPD und Bündnis 90/Die Grünen, kurz Rot-Grün. Kanzler war Gerhard Schröder, Außenminister Joseph Fischer. Vor allem aber Bundesinnenminister Otto Schily (SPD) zog damals eine Sicherheitsattacke nach der anderen aus dem Ärmel und ließ sie vom Bundestag im Schweinsgalopp absegnen. Seine Antiterrorgesetze wurden alsbald »Otto-Pakete« genannt. Die Vorratsspeicherung aller Telekommunikationsdaten, elektronische Ausweisdokumente, das Recht, entführte Passagiermaschinen abzuschießen, mehr Befugnisse für Geheimdienste, der große Lauschangriff auf Wohn- und Schlafzimmer sind nur einige Reizworte aus dem neuen Arsenal vermeintlicher Sicherheit. Heribert Prantl (Süddeutsche Zeitung) kommentierte das später als verlässliche »Arbeitsteilung. Der Bundestag schafft Bürgerrechte ab, das Bundesverfassungsgericht setzt sie wieder ein.« Trefflicher kann man das Agieren abseitiger »Volksvertreter« nicht entblößen.

In jenem Spätherbst 2001 hatte Innenminister Schily den Bundestag wieder einmal mit neuen Vorhaben voll geschüttet, in bestem Amtsdeutsch: Mein Haus hat eingeleitet ... Mein Haus drängt darauf ... Mein Haus erwartet ...

Ich bat um Klärung: »Bislang ging ich davon aus,

Herr Schily, Sie sind Innenminister. Nun muss ich annehmen, Sie sind lediglich Hausmeister.« Kollegen aus allen Fraktionen feixten, Schilys Augen funkelten finster. Wenig später schlug er bei meinem damaligen Fraktionsvorsitzenden Roland Claus auf: Sie haben ja die Frau Jelpke im Innenausschuss. Mit ihr kann man reden. Aber diese freche Pau, das geht überhaupt nicht. Kümmern Sie sich!

WIR HABEN ES SATT

Ehemalige Bürgerrechtler aus DDR-Zeiten genießen alle Achtung. Sie haben sich Unrecht entgegenge-stellt und einen Weg eröffnet, der in »Deutschland einig Vaterland« mündete. Wobei die offizielle Hoch-schätzung das »Ehemalige« betont und vornehm-lich jene meint, die seinerzeit aufmüpfig waren und heute demütig sind. Wie Bundespräsident Joachim Gauck, könnten manche jetzt denken. Gedacht werden darf alles. Schon die Revolutionäre anno 1848 san-gen: »Die Gedanken sind frei!« Daran wird alljährlich am 18. März auf dem gleichnamigen Platz unweit des Bundestages erinnert. Auch dort werden Bürgerrechte gepriesen, ebenso der Kampf für sie, meist der dama-

lige, selten der aktuelle. Übrigens werbe ich seit Jahren
dafür, dass der 18. März zum nationalen Gedenktag
erhoben wird, bislang vergebens.

Aber es gibt noch Bürgerrechtler aus DDR-Zeiten,
die sich von versprochenen »blühenden Landschaften«
(Zitat Alt-Kanzler Helmut Kohl) und anderweil westlichen Verheißungen nicht blenden ließen. 2001 wand-
ten sich 40 von ihnen an die Öffentlichkeit. Ihr Appell
hieß: »Wir haben es satt!« Darin klagten sie, dass fast
alles, wogegen sie 1989 in der DDR Kopf und Kragen
riskiert hatten, im neuen Deutschland fröhliche Ur-
ständ feiere. Die Regierung agiere gegen das Volk. Das
Volk werde zunehmend überwacht. Die Demokratie
sei mehr Schein als Sein. Schrieben sie.

Das war natürlich starker Tobak von Bürgerrecht-
lern aus der Ex-DDR. Unter ihnen waren Wolfgang
Ullmann (Demokratie jetzt), Sebastian Pflugbeil
(Neues Forum), Christian Führer (Pfarrer der Niko-
lai-Kirche), Klaus Schlüter (Grüne Liga), Frank Ebert
(Umweltbibliothek), Martin Hoffmann (Pankower
Friedenskreis), Thomas Klein (Vereinigte Linke),
Walfriede Schmitt (Unabhängiger Frauenverband) und
Arndt Noack (SDP-Gründungsmitglied), um nur ei-
nige Namen und Bewegungen der Wendezeit in Er-
innerung zu rufen. Viele von ihnen wurden nach der
Einheit mit dem Bundesverdienstkreuz dekoriert. Sie
ließen sich dennoch nicht das Prädikat »Ehemalige«

anheften. So ein Trotz-Appell kommt natürlich weder in BILD, noch bei »Anne Will« oder bei anderen Meinungsmünzern vor.

Gerade deshalb kleiner Tipp: Das Internet vergisst nichts.

DIE FREUNDLICHE ZENTRALE

Es gibt ein Foto von mir. Wir demonstrierten Anfang der 90er Jahre vor dem Bundesbauministerium, ich stand im Schneegestöber, ein Handy am Ohr. Was heißt Handy, verglichen mit heute. Es war ein Knochen, und der dazugehörige Akku war ein doppelt so großer Kasten. Von diesem Bild ließ sich offenbar auch Klaus Stuttmann inspirieren, als er mich Jahre später karikierte. Inzwischen waren die Handys viel handlicher und konnten längst mehr, als nur telefonieren. Viel mehr, als einem lieb sein kann.

Deshalb mahnte ich 2001 auf einer Pressekonferenz: »Mit einem modernen Handy trägt jede und jeder nunmehr eine persönliche Wanze und eine elektronische Fußfessel bei sich. Und wir alle bezahlen unsere Überwachungselektronik auch noch selbst.« Etliche Journalisten guckten mich damals sehr seltsam an.

2006 schob ich folgendes Erlebnis nach: »Wir hatten einen Parteitag in Dresden. Im Hotelzimmer fand ich einen Hinweis: ›Wir haben Ihre Daten an die Zentrale weitergegeben, damit wir Sie künftig weltweit bestens betreuen können.‹

An welche Zentrale? Welche Daten? Und was heißt, weltweit?

Ich suchte im Internet. Die Zentrale ist in den USA. Sie steuert 180 Hotels in 80 Staaten. In einige möchte ich bestimmt nicht reisen. Was also sollen meine Daten dort. Und was könnte die Rezeption in Dresden über mich wissen?

Na klar, Name, Vorname, Anschrift, alles im grünen Bereich. Ich hatte mit VISA-Card bezahlt, also hatten sie auch meine Bank-Verbindungen. Den Verzehr im Restaurant ließ ich auf meine Zimmerrechnung schreiben. Auch das wussten die eilfertigen Geister vom Empfang also. Hinzu kam die Miniflasche Rotwein aus der Zimmer-Bar. Das Bezahl-TV im Hotelzimmer schalte ich nie ein. Sonst wüsste ›die Zentrale‹ auch, welche Programme oder Sendungen ich bevorzuge. Aber ich war in Dresden, auf einem Parteitag der LINKEN. Die ›Postkommunisten‹, wie manche noch immer meinen, sind in den USA so unerwünscht wie Terroristen. Und ›die Zentrale‹ weiß auch, wer mit mir zur selben Zeit im Hotel war. Niemand hatte mich gefragt. Aber ›die Zentrale‹, wahrscheinlich auch die CIA, kann mich nun weltweit besser ›betreuen‹.«

Diese Geschichte schrieb ich 2006 auf, um zum Nachdenken anzuregen über Datenschutz und lauernde Gefahren. Ach, war ich gut. Und naiv!

2013 enthüllte Edward Snowden, wie global und total das Internet von der NSA und weiteren Geheimdiensten »beherrscht« wird: sämtliche elektronische Kommunikation. Es war ein Schock.

Sascha Lobo gehörte zu den bekannteren Mitgliedern der Partei »Die Piraten«. Computer- und netzkundig berät er gelegentlich auch die SPD. In der FAZ nahm er »Abschied von einer Utopie«. Er schrieb: »Und dann diese Ironie, nein, diese Verhöhnung des Schicksals: Edward Snowden, Held des Internets, bringt die Botschaft, dass mit dem geliebten Internet die gesamte Welt überwacht wird.« In der Geschichte der Menschheit gab es drei große »Kränkungen«, meinte Lobo weiter: eine durch Kopernikus, eine durch Darwin, eine durch Freud. Kopernikus habe entdeckt, dass der Mensch nicht wie angenommen der Mittelpunkt des Weltalls war. Darwins Evolutionstheorie habe gezeigt, dass der Mensch ganz schnöde vom Tier abstamme. Und Freud habe mit dem »Unbewussten« und durch das »Über-Ich« erkannt, dass das Ich eben nicht Herr im eigenen Haus sei. Nun die vierte Kränkung, schrieb Sascha Lobo enttäuscht: Das Internet verheißt nicht Freiheit, sondern Überwachung, nicht Selbst-, sondern Fremdbestimmung.

Ich kann mich diesen Zweifeln nicht entziehen. Vielmehr wünschte ich, Selbstzweifel würden endlich auch die politisch Verantwortlichen quälen. Denn das NSA-Beschwichtigungstheater der Bundesregierungen (2013 und 2014) finde ich unverantwortlich, ja verfassungswidrig.

Zugespitzt gesagt: Wenn Geheimdienste und das Internet eine antidemokratische Allianz eingehen, dann wird die Alternative grundsätzlich: entweder für Geheimdienste, mithin gegen die Freiheit des Internets, oder für das Internet, dann gegen stets unkontrollierbare Geheimdienste. Beide Entscheidungen haben es in sich. Aber die erste ist eine für die Vergangenheit, die zweite wäre eine für die Zukunft.

DER VERLEUGNETE ARTIKEL

Der Bundestag soll die Bundesregierung kontrollieren. Das Parlament, also die Legislative, gibt vor, was sein oder werden soll. Die Exekutive, die Regierung, auch Kabinett genannt, gibt Rechenschaft, wie es bei alledem vorankommt.

Nein, ich schreibe hier keinen Kabarett-Text. Ich zitiere aus dem Grundgesetz. Demnach ist das Volk der Souverän. Von ihm geht alle Staatsgewalt aus. »Sie wird vom Volke in Wahlen und Abstimmungen ... ausgeübt.« (Grundgesetz, Artikel 20). Folglich haben nicht die Regierenden das Sagen oder Schweigen, sondern stellvertretend für das souveräne Volk gewählte Parlamentarierinnen und Parlamentarier.

Wobei, das »Sagen oder Schweigen« ist kein Verschreiber. Ich habe beides erlebt. Anfang November 2011 flog die NSU-Nazi-Bande auf. Sie zog über ein Jahrzehnt raubend und mordend durch Deutschland, unerkannt und unbehelligt, sagt die offizielle Version. Bevor ein Untersuchungsausschuss eingesetzt wurde, versuchten wir im Innenausschuss des Bundestages, Licht in die Finsternis zu bringen. Alle waren geladen: Verantwortliche des Innenministeriums, des Bundeskriminalamtes, des Bundesamtes für Verfassungsschutz, der Generalbundesanwaltschaft und so weiter. Wir befragten sie stundenlang. Wolfgang Bosbach (CDU), Vorsitzender des Innenausschusses, fasste das fulminante Ergebnis so zusammen: »Die etwas wissen, kamen nicht. Die kamen, wussten nichts. Und die kamen, obwohl sie etwas wussten, sagten nichts.« Das große Schweigen also!

Dasselbe geht aber auch mit dem großen Sagen. 2005 gab es im Bundestag einen Untersuchungsausschuss zur sogenannten VISA-Affäre. Er war von der CDU/CSU beantragt worden, um der SPD und den Grünen schweres Regierungsversagen nachzuweisen. Ergo wurde auch der damalige Bundesinnenminister Otto Schily (SPD) als Zeuge vorgeladen. Er kam. Er schwieg nicht. Er referierte fünf Stunden lang über Gott und die Welt, ohne Pause. Hören sie sich mal einen fünfstündigen Monolog an, noch dazu von Otto Schily. Das kommt Folter gleich, die in Deutschland verboten ist.

Zurück zu Artikel 20 (2) Grundgesetz: Alle Staatsgewalt geht vom Volke aus, ausgeübt in »Wahlen und Abstimmungen«. Auch in Abstimmungen? In Fragen direkter Demokratie ist die Bundesrepublik Deutschland noch immer ein EU-Entwicklungsland. Seit 1990 hatten sich zwei Fenster der Besserung geöffnet. Beide wurden flugs zugeschlagen, immer durch die CDU/CSU, aber nicht nur durch sie. Den ersten Weg zu mehr Demokratie wies das Grundgesetz der Bundesrepublik alt, Artikel 146: »Dieses Grundgesetz, das nach Vollendung der Einheit und Freiheit Deutschlands für das gesamte deutsche Volk gilt, verliert seine Gültigkeit an dem Tage, an dem eine Verfassung in Kraft tritt, die von dem deutschen Volke in freier Entscheidung beschlossen worden ist.« Eine neue Verfassung sollte demnach per Volksentscheid das als provisorisch gedachte Grundgesetz ablösen. Daraus wurde nichts. Die letzte Volkskammer der DDR beschloss stattdessen, der Bundesrepublik Deutschland beizutreten, gemäß Artikel 23 Grundgesetz: also Beitritt statt Vereinigung, Bewahrung statt Aufbruch, Grundgesetz statt Verfassung, ganz so, wie von Bundeskanzler Helmuth Kohl & Co. gewünscht.

1991/92 erarbeiteten Juristen und Bürgerrechtler aus West und Ost dennoch einen modernen Verfassungsentwurf für ein »neues Deutschland, Volksabstimmungen inklusive. In Anlehnung an die Revolution von 1848 nannte sie sich »Pauls-Kirchen-Bewegung«. Sie wurde von der Mehrheit des Bundestages geflissentlich ignoriert.

2005/05 drängte die Frage nach direkter Demokratie erneut auf die politische Tagesordnung. Es ging um eine Verfassung für die Europäische Union. In zahlreichen EU-Ländern wurde der Entwurf zur Volksabstimmung gestellt. In Deutschland blieb das ausgeschlossen. Außenminister Joseph Fischer (Bündnis 90/Die Grünen) gab damals kund, er lasse sich sein Werk nicht vom Volk zerreden. Und Bundeskanzler Gerhard Schröder (SPD) behauptete wider besseres Wissen: »Das Grundgesetz verbietet Volksabstimmungen.« Dabei bedurfte es im Deutschen Bundestag »lediglich« einer Zweidrittel-Mehrheit, um Volksabstimmungen auch auf Bundesebene »freizuschalten«. Gefragt ist demokratischer Wille, mehr nicht.

Der Verein »Mehr Demokratie e.V.« organisierte daraufhin 2005 eine Probe aufs Exempel. In einer Kleinstadt in der Eifel konnte über die EU-Verfassung abgestimmt werden. Kaum verkündet, kamen Politiker aller Couleur dorthin, um für ihre Positionen zu werben. Es kam Leben in die Säle. Die Politik blühte auf und wurde bürgernah. Eine Mehrheit in dem Städtchen votierte übrigens für diese EU-Verfassung und strafte damit einen arroganten grünen Fischer Lügen.

AFFEN-ABSCHIED

Zehn lange und spannende Jahre war ich Landesvorsitzende der Berliner PDS, dem einzigen Ost-West-Verband meiner Partei bundesweit. Am 1. Dezember 2001 wurde Stefan Liebich in dieses Amt gewählt. Vordem hatten wir mit Gregor Gysi als Spitzenkandidat bei vorgezogenen Wahlen zum Abgeordnetenhaus einen furiosen Erfolg erzielt. Die unsägliche Ära der großen CDU/SPD-Regierung war endlich abgelaufen. Anfang des Jahres hatte die Berliner CDU einen Banken- und Spendenskandal hingelegt. Medial wurde er mit Klaus-Rüdiger Landowski (CDU) verbunden. Als die Wellen hoch und höher schlugen, sagte sich die SPD gerade noch rechtzeitig von der CDU los, ehe es auch sie in den Strudel des allgemeinen Zorns gerissen hätte. Tausende und Abertausende Unterschriften waren bereits gesammelt worden, um Neuwahlen zu erzwingen. Das bot Bilder fürs Panoptikum. Ausgerechnet mein staatstragender Bundestagskollege Günter Rexrodt (FDP) und ich waren Seit an Seit als außerparlamentarische Opposition gegen die CDU auf Straßen und Plätzen unterwegs. Den Sommer überbrückte dann ein Übergangssenat aus SPD und Bündnis 90/Die Grünen, toleriert von der PDS – Rot-Grün-Rot aus Not.

Später, nach der Wahl, führte ich die PDS-Delegation für Sondierungen mit der SPD an. Die entschied sich aber für Koalitionsgespräche mit Bündnis 90/Die Grünen und der FDP. Am ersten Abend des Landesparteitages im Rathaus Schöneberg, an jenem 1. Dezember, wurde ich also feierlich verabschiedet. Es gab Häppchen und Schlückchen und viele liebe Worte. Plötzlich kam ein SPD-Genosse nach dem anderen zum Buffet. Sie gratulierten mir brav und zogen sich mit Gregor Gysi und Harald Wolf zurück. Die Koalitionsgespräche mit den Grünen und der FDP waren geplatzt, nun solle Rot-Rot verhandelt werden, also Urlaubssperre für alle Beteiligten über den nahenden Jahreswechsel hinweg. Nicht für mich, denn die Gesprächsleitung für die PDS oblag nun – zumindest offiziell – Stefan Liebich. Und so konnte ich, allen Überraschungen zum Trotz, tags darauf unbelastet mein schönstes Abschiedsgeschenk einlösen: ein Besuch bei meinem Lieblingsaffen aus der Fernsehserie »Unser Charlie«. Er strahlte.

IRONIE DER GESCHICHTE

Ab Mai 1990, also zu DDR-Endzeiten, wurden landauf, landab Straßen umbenannt. Allemal solche, die Namen von Kommunisten trugen, kamen in den Blick kritischer Kommissionen. Ich war gerade frisch in die Bezirksverordnetenversammlung Berlin-Hellersdorf gewählt worden und plötzlich Schriftführerin eines solchen Gremiums. Damit hatte ich nicht gerechnet. Aber es war eine spannende Zeit, die viel mit Geschichte zu tun hatte. Die nahende deutsche Einheit war überhaupt eine überraschende Chance, sich in Ost und West mit der eigenen und der gemeinsamen Historie auseinanderzusetzen. Aber der Westen wähnte sich als Sieger und hatte folglich wenig Lust, an seinen Straßennamen herumzumäkeln, auch in Berlin nicht. Und so tragen noch heute etliche Straßen rund um das Tempelhofer Feld Namen von Offizieren der deutschen Wehrmacht, die 1941 nach dem Überfall auf die

Sowjetunion diese besonders heldenhaft für Volk und Führer bombten. Und trotz wiederholter Initiativen, zum Beispiel der SPD-Steglitz, heißt auch die »Spanische Allee« noch immer »Spanische Allee«. Nicht, weil es auf Mallorca so schön sein soll. Auf dieser langen, breiten Straße wurde 1936 die faschistische »Legion Condor« gefeiert, nachdem sie siegreich aus dem Spanischen Bürgerkrieg heimkehrt war.

Später, 1995, kam überraschend eine Order aus Bonn. Noch einmal sollte in Berlin-Mitte eine Straße umbenannt werden. Der Umzug des Bundestages vom Rhein an die Spree war beschlossene Sache. Das historische Reichstagsgebäude wurde längst äußerlich saniert und im Inneren für einen modernen Parlamentsbetrieb umgebaut. Da fiel eifrigen Tugendwächtern ein eklatanter Makel auf. Die Straße, die aus Richtung Osten kommend in das künftige Parlamentsviertel führt, war nach Clara Zetkin benannt. Clara Zetkin war Sächsin, sie war Frauenrechtlerin, sie war Antifaschistin, sie war sogar die letzte Alterspräsidentin des Reichstages, bevor dieses Parlament von Hitler liquidiert wurde. Das alles hätte man Clara Zetkin vielleicht noch durchgehen lassen. Aber sie war auch Mitglied der KPD, und nach einer Kommunistin durfte diese Straße auf keinen Fall benannt bleiben.

Dagegen regte sich Protest aus Frauenbewegungen, aus der SPD, aus der PDS, von Bündnis 90/Die Grünen. Ein Foto belegt, wie Renate Künast, seinerzeit Fraktionsvorsitzende der Grünen im Berliner Abgeordnetenhaus, und ich, damals Landesvorsitzende der Berlin PDS, auf einer Leiter standen und das Clara-Zetkin-Schild festhielten. Vergebens. Sie wurde »Dorotheenstraße« genannt und soll so wieder an Dorothea Sophie von Schleswig-Holstein-Sonderburg-Glücksburg, auch als Kurfürstin Dorothea von Brandenburg bekannt, erinnern. Es geht voran.

Zehn Jahre später, 2005, gab es eine vorgezogene Wahl zum Deutschen Bundestag. Mit ihr endete auch meine Zeit als »Einzelabgeordnete«. DIE LINKE, damals ein Bündnis aus Linkspartei. PDS, WASG und linken Parteilosen, wurde erstmals ins Hohe Haus gewählt. Allen Fraktionen steht im Reichstagsgebäude ein angemessener Beratungsraum zu, direkt unter der Kuppel. Und es ist Brauch, diesem einen Namen zu geben: »Konrad-Adenauer-Saal« (CDU/CSU), »Willy-Brandt-Saal« (SPD) und so weiter. Wie aber könnte der Fraktionsraum der Linken heißen? Oskar Lafontaine schlug Rosa Luxemburg als Namenspatronin vor, naheliegend. Gesine Lötzsch, ich und andere plädierten hingegen für Clara Zetkin. Und so kam es dann auch. Ironie der Geschichte: Vor dem Bundestag wurde die Erinnerung an Clara Zetkin getilgt. Nun ist sie drin.

GESCHICHTE IM BUNDESTAG

Der Deutsche Bundestag steckt voller Geschichte und Kunst. Wer sich alles erschließen möchte, bräuchte dafür Wochen. Also führe ich meine Besucherinnen und Besucher zu ausgewählten Werken. Das »Archiv der Abgeordneten« gehört dazu, ein französischer Beitrag. Dort wird mit stilisierten Postkästen an alle Parlamentarier erinnert, alphabetisch und nach Perioden geordnet, die von 1919 bis 1999 durch freie, gleiche und geheime Wahlen Volksvertreter wurden. 1919 markiert den Beginn der Weimarer Republik, 1999 den Umzug des Bundestages von Bonn nach Berlin. Ergo kommt auch mein Name dort vor, denn ich wurde erstmals 1998 in den Bundestag gewählt.

Historisch spannend wird es, sobald man sich anschaut, wer alles für welche Partei dabei war und bei wem dazu ein schwarzer Streifen mahnt: ermordet durch die Nazis! Übrigens: quer durch alle damaligen Parteien, nicht nur der KPD und der SPD, sondern alle, mit Ausnahme der NSDAP. Ein »Fach« erinnert übrigens an Adolf Hitler, der 1933 ebenfalls frei und geheim gewählt wurde. Gelegentlich wird es von erbosten Besuchern eingetreten. Ich halte beides für richtig, dass der Nazi und Massenmörder Hitler nicht verschwiegen wird, und dass dies Widerspruch hervorruft.

Es war Rolf Schwanitz, ein SPD-Genosse aus dem Vogtland, der das »Archiv der Abgeordneten« dennoch scharf kritisierte, zu Recht. Denn es umfasst mitnichten alle frei, gleich und geheim gewählten Parlamentarier in Deutschland. Die Mitglieder der am 18. März 1990 gewählten letzten Volkskammer der DDR fehlen komplett. Der »Osten« findet nicht statt, er wird ausgeblendet, so als hätte es ihn nie gegeben, nicht einmal im Aufbruch.

Das zweite Kunstwerk im Bundestag, das ich bei Führungen nie auslasse, ist der »Andachtsraum« von Günther Uecker aus Nordrhein-Westfalen. Es war umstritten, so sehr, dass der Künstler damit drohte, sein Werk zurückzuziehen. In seinem »Andachtsraum« können alle Gläubigen gleichberechtigt Einkehr und Zuspruch suchen: Christen, Muslime, Juden, auch Hindus. Die CDU/CSU wehrte sich lange dagegen. Sie begehrten an der Stirnwand ein dominierendes christliches Kreuz, im Sinne einer deutschen Leitkultur. Doch Günther Uecker mahnt etwas anderes an: einen interreligiösen Dialog auf Augenhöhe.

Wer sich dem Reichstagsgebäude von Westen her nähert, stößt auf die große Giebelschrift »Dem deutschen Volke«. Der Architekt Paul Wallot hatte es bereits 1894 so vorgesehen. Doch Kaiser Wilhelm II. pfiff ihn damals zurück. Das Parlament habe ihm zu dienen und niemand anderem. Nun gibt es im nördlichen Innenhof des Reichstagsgebäudes ein weiteres Kunstwerk. Seine grün überwucherte Botschaft lautet: »Der Bevölkerung!« Sie mahnt, der Bundestag sei kein deutsch-nationales Parlament, sondern allen hier lebenden Bürgerinnen und Bürgern verpflichtet, kurzum einer multikulturellen Gesellschaft.

Bleibt die Frage, wie die vom Kaiser verschmähte Inschrift »Dem deutschen Volke« dennoch an den Giebel kam. Das geschah 1916, inmitten des 1. Weltkrieges. Kaiser Wilhelm II. sorgte sich ob der schwindenden Todeslust seines Volkes. Und so widmete er ihm gnädig eine ungeliebte Inschrift an einem ihm sonst verhassten Ort.

DEMO MIT JESUS

»Lebt denn der alte Holzmichel noch ...? Ja, er lebt noch ...!« Dieser trunkselige Hit der Randfichten war nach der Jahrtausendwende allgegenwärtig. Also nahm ich bei ihnen eine Anleihe für eine Rede auf einem PDS-Parteitag anno 2004 in den Babelsberger Film-studios. »Lebt denn die PDS im Bundestag noch ...? Ja, sie lebt noch ...!« Gewiss, eine kulturelle Meister-leistung war das nicht. Aber ich wollte den Hunderten Delegierten Mut machen und den anwesenden Me-dien nahe legen, was wir im Bundestag fraktionslos so treiben. Ich warb für ein Projekt »04–06«. 2004 gab es Europameisterschaften und 2006 Fußball-Welt-meisterschaften. In selben Rhythmus standen Wahlen zum EU-Parlament und zum Bundestag bevor. »Also auf geht's!«, war meine Botschaft. Aber just als ich am Redepult begann, öffnete sich die Saaltür, Gregor Gysi betrat die Bühne, zog die Journalisten an und gab spontan eine Pressekonferenz. Meine Mühen verhall-ten im Sendeloch.

Mehr Öffentlichkeit ermöglichte mir die SAT1-Gruppe mit einer Serie »Die Volksvertreter: Politiker packen an!« Die Idee war: Mitglieder des Bundestages werden bei für sie untypischen Tätigkeiten begleitet, zwei, drei

Tage lang. Mit dabei waren Rainer Eppelmann (CDU), Renate Schmidt (SPD), Wolfgang Kubicki (FDP) und Rezzo Schlauch (Bündnis 90/Die Grünen). Ich sagte flugs zu, weil ich uns in den Medien halten wollte. Mein Angebot: Ich könnte für die »Tafel« oder ein Obdachlosenprojekt arbeiten. Absage, dieser Part sei schon von der FDP besetzt. Das sah ich ein, denn untypischer ging es nimmer. Für mich hatte die Redaktion

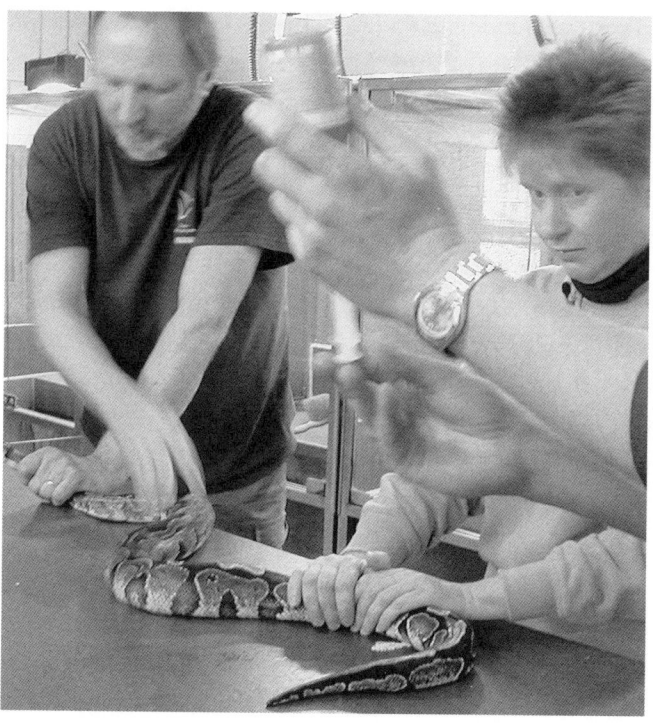

einen Einsatz als Tierpflegerin vorgesehen. Ich bat um eine klitzekleine Änderung und schlug den Tierpark im Berliner Osten vor. Dort bin ich Fördermitglied. Es blieb beim Zoo in Charlottenburg. Auf ging es bei Frost und Schnee. Ich duschte Elefanten, mistete Ställe aus, gab einem Eselchen Fläschchen und half, eine kränkelnde Python zu verarzten. Die Bilder mit der Python zeigen übrigens, wie untypisch gerade diese Begegnung für mich war. Aber der Filmmix lief und lief über die Sender, zu allen Tageszeiten. Immer wieder wurde ich darauf angesprochen. Einmal unverhofft auf dem Hamburger Hauptbahnhof: »Sind sie nicht die Schlange von heute Nacht?« Das war natürlich übertrieben.

Im ZDF präsentierte Thomas Gottschalk Gründonnerstag 2005, also kurz vor Ostern, zur besten Sendezeit einen »großen Bibel-Test«, Einschaltquote riesig. Verschiedene Gruppen wetteiferten mit- und gegeneinander: Priester-Schüler, Journalisten, TV-Stars und Politiker. Im »Spiegel« wurde die Sendung hernach verrissen. Einer der wenigen Höhepunkte sei aufgeflammt, als der »berufssteife Jürgen Rüttgers (CDU) seiner linksgerichteten Kollegin Petra Pau das Recht auf christliche Gesinnung absprach«. Ich hatte ihm übrigens geantwortet: Jesus wäre heute auf den Montagsdemonstrationen gegen »Hartz IV«. Zugegeben, mehr Politik hatte die Gottschalk-Show wirklich nicht zu bieten. Und doch endete der Bibel-Test mit einer unglaublichen Überraschung für die meisten. Ich gewann nämlich, ausgerechnet eine Linke, obendrein aus dem gottlosen Osten.

BESTER PRESSESPRECHER

»Tue Gutes und rede darüber«, diese Weisheit gilt allemal für Abgeordnete. Wir können uns nach bestem Wissen und Gewissen abstrampeln, wenn niemand das erfährt, war alles für die Katz. Deshalb haben alle Fraktionen auch »Pressestellen« und Bereiche für Öffentlichkeitsarbeit.

2002 waren Gesine und ich bar einer Fraktion und mithin auch ohne Experten für »Tue Gutes und rede darüber«. Ohnehin war das Medieninteresse dünn gesät und nahe Null, wenn es um politische Positionen ging. Dabei hatten wir beide nebenbei einen Rekord aufgestellt. Jede von uns hatte im Plenum ca. 150 Mal geredet, jeweils drei Minuten lang, mehr stand uns nicht zu.

Interessant wurden wir immer nur, wenn der Bundestag unsere ohnehin kargen parlamentarischen

Rechte über Gebühr noch weiter einschränkte. So hatten wir im Plenarsaal zwar zwei Stühle, ganz hinten, fast draußen. Ein Tisch oder gar ein Telefon wurde uns nicht zugestanden. Das rief die Medien auf den Plan. Die Satiresendung »Extra 3« reiste sogar mit einem eigens gefertigten Tisch an und sendete genüsslich dessen feierliche Übergabe an uns.

Apropos Tisch: Zu meinem Geburtstag 2003 bekam ich mit schöner Hinterlist ein Spezialgeschenk: einen Aktenkoffer, der sich aufgeklappt in einen Tisch verwandelte. Eines Tages nahm ich ihn in den Plenarsaal mit. Was für ein Fest. Kaum hatte ich ihn entfaltet, brach im Präsidium Hektik aus. Eifrig wurde in der Geschäftordnung geblättert. Aber so ein Fall war darin weder vorgesehen, noch geregelt. Die Saaldienerinnen und -diener, die guten Geister des Hohen Hauses, reagierten verwirrt oder feixten in sich hinein. Wie auch immer, die Ordnungshüter standen vor einer unauflösbaren Crux. Den Tisch hätten sie kassieren können, nicht aber den dazugehörigen Koffer. Denn der enthielt meine persönlichen Akten als Abgeordnete und war mithin unangreifbar.

Noch einmal schubste uns das Präsidium des Bundestages kleingeistig in alle Medien. Wie alle Jahre gab es auch 2004 einen »Tag der offenen Tür«. Tausende Besucherinnen und Besucher wurden erwartet. Also fragte ich, an welcher Stelle wir uns präsentieren könnten. Nirgendwo, hieß die Antwort. Der »Tag der Ein- und Ausblicke« sei ausschließlich Fraktionen vorbehalten. Die hatten wir nicht, also waren wir im Wortsinn draußen. Wir machten aus der Not eine Tugend. Ohnehin hatten wir eine achtseitige Bilanz unserer Arbeit für die Tageszeitung »Neues Deutschland« vorbereitet. Kurzerhand meldeten wir am Brandenburger

Tor einen Stand an. Von dort aus pilgerten wir wieder und wieder mit engagierten Mitstreitern zum Reichstagsportal, wo Neugierige eine lange Schlange bildeten und Einlass begehrten. Noch ehe sie überhaupt in die Nähe eines CDU- oder SPD-Standes kamen, hatten sie unsere Zeitung in der Hand. Ich erinnere mich gut: Plötzlich stürzte ein älterer Herr auf mich zu und schimpfte urbayerisch: »Frau Pau, sie san doch Frau Pau, i dad sie nie wain. Aba was de mid eahna macha, des geht übahaupt ned, des hod mid Demokratie nix zum doa!« Für Fremdsprachler: »Frau Pau, Sie sind doch Frau Pau, ich würde Sie nie wählen! Aber was die mit Ihnen machen, das geht überhaupt nicht. Das hat mit Demokratie nichts zu tun.«

Der damalige Bundestagspräsident Wolfgang Thierse (SPD), unser unheimlicher, gleichwohl bester Pressesprecher, hatte wieder einmal treffsichere Arbeit geleistet.

BEDROHTE ROTE

»Kein Bomben-Stress für Erna & Co.!« Das stand auf einem großen Poster, mit dem wir im Juni 2006 ums Berliner Parlaments- und Regierungsviertel zogen. Tausende protestierten damals gegen das »Bombodrom«, einem drohenden Bombenabwurfplatz in der Kyritz-Ruppiner Heide. Zu DDR-Zeiten wurde das Areal von der Sowjetarmee genutzt. Mit der Wende keimte Hoffnung. Der Warschauer Pakt, das östliche Militärbündnis, zerfiel. Die NATO, der westliche Militär-Pakt, geriet in eine Legitimations-Krise. Aber die Bundeswehr griff flugs zu und wollte Krieg inmitten eines riesigen Naturparks üben. Seitdem schwoll der regionale Widerstand dagegen an. Kirchen, Umweltschützer, Bürgerinitiativen, auch die Landesparlamente in Brandenburg, Berlin und Mecklenburg-Vorpommern engagierten sich für eine zivile Nutzung nebst Tourismus im Nordosten Deutschlands. Und was selten geschieht: mit Erfolg. 2011 besiegelte die Bundespolitik den Verzicht der Bundeswehr auf ihr vermeintlich Hab und Gut im friedlichen Grün.

Doch wer war »Erna & Co.«? Auf unserem Demo-Poster zeigten sie Gesicht, eine Sau und ihre Ferkel aus dem schönen Waldtierpark »Kunstspring«. Auch der war durch das »Bombodrom« bedroht. Gelegent-

lich fahre ich dorthin, um meinen Kopf zu lüften und
Gedanken zu sortieren. So begab es sich auch in meiner fraktionslosen Zeit im Bundestag. Es war Liebe
auf den ersten Blick. Kurzum wurde ich Tierpatin für
Mama Erna und ihre kleinen Grunzer. Sie sind Mangalitza, auch ungarische Wollschweine genannt, mit
einer markant rötlichen Behaarung. Fast immer bringe

ich ihnen Walnüsse mit, ein Labsal, das sie eifrig und gekonnt knacken. Noch in den 70er Jahren wurden Mangalitza auf einschlägigen Listen als »aussterbende Art« geführt. Das wusste offenbar auch der Lokalreporter der »Neuruppiner Nachrichten«. Er schrieb seinerzeit über Erna und Pau genüsslich: Bedrohte Rote suchten und fanden sich.

DEIN WORT SEI

2007 hatte mich die Hannah-Arendt-Stiftung eingeladen. Das Thema ihrer Tagung war die »Krise der repräsentativen Demokratie«. Ich bekräftigte in meinem Beitrag den Befund. Dafür gibt es zahlreiche Gründe, objektive und subjektive. Auch der Bundestag, die höchste legitimierte Repräsentanz in der Bundesrepublik Deutschland, lasse mit sich spielen. Bundeskanzler Gerhard Schröder (SPD) hatte zu rot-grünen Zeiten (1998–2005) gleich zwei Mal so ein Trauerspiel aufführen lassen – mit Erfolg für sich, zu Lasten der Demokratie.

2001 ging es um die Zustimmung zu einem umstrittenen Kriegseinsatz der Bundeswehr. So weit, so ohnehin schlecht. Obendrein verknüpfte er die Militärabstimmung mit einem Vertrauensvotum in eigener Sache. Und so wurde es schizophren. Wer den Bundeswehreinsatz wollte, zum Beispiel die Unionsparteien CDU und CSU, aber aus Parteiräson gegen den SPD-Kanzler war, musste mit Nein stimmen. Wer gegen den Einsatz der Bundeswehr war, aber aus Koalitionsdisziplin für den SPD-Kanzler sein musste, stimmte mit Ja.

»Dein Wort sei Ja-Ja oder Nein-Nein«, heißt es in der Bibel. Im beschriebenen Fall lagen die Voten mit allen Geboten über Kreuz. Die Bürgerinnen und Bürger verstanden, nahmen übel und wurden darob von Politikern als demokratiefern gescholten. Dümmer geht's nimmer. Oder doch?

Dasselbe trifft übrigens auf die vorgezogene Neuwahl des Bundestages 2005 zu. Vorausgegangen war eine herbe Niederlage der SPD bei den Landtagswahlen in Nordrhein-Westfalen. Es war Flaute im eigenen Laden. Um seine SPD auf Trab zu bringen und sie unisono auf seine umstrittene »Agenda 2010« inklusive »Hartz IV« einzuschwören, leitete Bundeskanzler Gerhard Schröder kurzerhand die Auflösung des Bundestages und Neuwahlen in die Wege. Gewiss: DIE LINKE hatte davon profitiert. Ihre Geburtsstunde nahte. Aber beide Schröder-Tricks hatten schon absolutistische Züge.

Mit einem besonderen Schmankerl zu diesem Theater überraschten 2001 übrigens Bündnis 90/Die Grünen. Acht oder sogar zehn Abgeordnete waren gegen besagten Auslandseinsatz der Bundeswehr. Aber maximal vier Fraktionsmitglieder durften mit Nein stimmen, sollten die rot-grüne Koalition und Gerhard Schröder als Kanzler nicht gefährdet werden. Eine Quadratur des Kreises? Nicht bei den Grünen! Sie ließen ihre Abweichler losen. Vier Gewinner durften mit Nein stimmen, die Looser mussten Ja sagen. Christian Ströbele hatte übrigens Schwein, wie der Berliner sagt. Er durfte Friedensfreund bleiben.

FÜHRUNGSSPIELER

Gelegentlich empfange ich angehende Journalistinnen und Journalisten im Bundestag oder sie laden mich in ihr Seminar ein, um zu erfahren, wie Pressearbeit aus Sicht einer Abgeordneten aussieht. Zumeist fragen sie mich: »Können Sie sich an eine Presseerklärung von Ihnen erinnern, die Sie besonders prickelnd fanden?«

Ja, das kann ich, sie trägt das Datum 18. September 2003. Damals lief gerade eine Debatte, wer künftig

Kapitän der Fußball-Nationalmannschaft sein solle. Auch Altstar Günter Netzer hatte sich eingemischt. Nein, Michael Ballack auf keinen Fall, der komme aus dem Osten, und wer aus dem Osten komme, könne niemals führen, gab Netzer kund.

Ein Wessi düpiert einen Ossi, ein Fall für Petra Pau, mag man sich bei der BILD gedacht haben. Jedenfalls riefen sie mich an, ob ich dazu was sagen möchte. Das wollte ich gern, nur habe ich von Fußball nur wenig mehr Ahnung als Eisbären vom Stierkampf. Also rief ich einen guten Freund an. Der bat um ein Stündchen Geduld, er habe da so eine Ahnung. Sie trog nicht. Und so erklärte ich als »fußballpolitische Sprecherin der PDS im Bundestag« unter der Überschrift »Herrn Netzer ins Stammbuch ...«:

»Zur Erinnerung: Am 22. Juni 1974 gewann die DDR-Nationalmannschaft in Hamburg 1:0 gegen das BRD-Team. Und das kam so: In der 69. Minute wurde Günter Netzer eingewechselt. Und während Wessi Netzer im Mittelfeld vor sich hin döste, schoss Ossi Sparwasser in der 78. Minute das Führungs- und Sieg-Tor.« BILD druckte mein Statement komplett auf Seite 1.

Tags darauf stürzten etliche Bundestagskollegen auf mich zu. Die einen empört, weil Günter Netzer für sie noch immer ein Fußballgott war. Andere, wie Wolfgang Bosbach (CDU), erfreut, weil ich es dem arroganten Netzer so richtig gegeben hätte.

Dabei wusste ich das Beste damals noch nicht einmal. Nach dem aus BRD-Sicht versemmelten Spiel gegen die DDR-Mannschaft hatten sich die Kicker um Sepp Maier, Franz Beckenbauer und Gerd Müller berappelt. Sie gewannen fortan jedes Spiel, auch das Finale gegen die Niederlande, und wurden also Weltmeister 1974. Nur »Führungsexperte« Netzer wurde seinerzeit bei keinem weiteren Spiel mehr aufgestellt.

Der Görlitzer Michael Ballack hingegen war ab 2004 sechs Jahre lang Kapitän der deutschen Nationalmannschaft und wurde nach wichtigen Turnieren zwei Mal von der FIFA beziehungsweise der UEFA ins internationale All-Star-Team gewählt.

ALLES NEULAND

Auf dem Weg zur Arbeit höre ich zumeist »Inforadio Berlin-Brandenburg«. Dort gibt es alle 20 Minuten aktuelle Nachrichten. So erfahre ich – nein, nicht was wichtig ist, sondern – was für wichtig gehalten oder wichtig gemacht wird. Das ist ein Unterschied. Aber auch das muss ich wissen. Parallel genügt ein Blick auf den Laptop, um im Tickerdienst zu erfahren, was sonst noch passierte. Das alles gehört zum Alltag, jeden Morgen.

Das war nicht immer so. Mitte der 90er steckte das allgemein zugängliche Internet noch in den Kinderschuhen. Damals gab es elektronische Postfächer, thematische, zum Beispiel zum Rechtsextremismus oder zur Friedenspolitik. Dort konnte man sich anmelden und einloggen, eigene Beiträge einstellen und lesen, was andere zu sagen hatten. Das verband virtuell, hatte aber mit der modernen, globalen Sofortkommunikation, wie wir sie heute kennen, noch nichts zu tun. Und gab es zwei, drei Tage lang mal keine neuen Einträge, dann war halt Ruhe im Mini-Netz. Zugang gab es ohnehin nur über koffergroße Büro-Computer, die sich über ein träges Modem hörbar in das vermeintlich weltweite Gewebe einwählten. Da war noch nichts mit News via Smartphone mal flugs unterwegs gelesen, im Bus oder in der Bar.

Gleichsam überschaubar und geregelt war meine Öffentlichkeits- und Medienarbeit. Gelegentlich lud ich zu einer Pressekonferenz ein. Je nachdem, was die Redaktionen für wichtig hielten oder wichtig machen wollten, kamen auch Journalistinnen und Journalisten, also mal mehr, mal weniger. Dazwischen griff ich zur zweitstärksten Waffe, zur Presseerklärung. Auch dafür gab es bewährte Regeln, aus heutiger Sicht sehr komfortable. Demnach sollte man eine Presseerklärung möglichst bis 12 Uhr mittags, spätestens bis 14 Uhr verbreitet haben, um die Chance zu wahren, in Zeitungsartikeln des Folgetages zitiert zu werden. Denn auch die Zeit von Journalistinnen und Journalisten ist begrenzt, sie springen auch nicht hopplahopp, nur weil ihnen eine Erklärung ins Haus flattert. Obendrein droht ihnen irgendwann unverrückbar der Redaktionsschluss.

Inzwischen kann man diese altbewährten Regeln alle vergessen. Auch die Printmedien sind nebenbei online, die Kommunikation ist allgegenwärtig, einen fixen Redaktionsschluss gibt es nicht mehr, das Fax ist ohnehin out, das Alleskönnerhandy in. Will ich heute in Medien vorkommen, ob Zeitung oder Web-Portal, dann am besten via Twitter, wo mir Journalistinnen und Journalisten online folgen. Nicht 12 bis 14 Uhr, sondern möglichst sofort. Ellenlange Erklärungen waren nie mein Markenzeichen, aber nun muss meine Botschaft in maximal 140 Zeichen passen, klar und Pau sein. So twitterte ich zum umstrittenen, gleichwohl komplexen Thema Maut auf deutschen Straßen: »Rein zufällig plädiert Verkehrsminister Dobrindt (CSU) ausgerechnet für ein System, das eine Totalkontrolle aller Verkehrsteilnehmer zulässt.« (140 Zeichen)

Erreichte ich früher zehn oder zwanzig Redaktionen auf einmal, so fliegt meine Twitter-Botschaft inzwischen rund um die Welt. Experten haben gerechnet. Demnach bedarf es maximal acht »Stationen«, bis eine Meinung via Internet allüberall verbreitet ist. Der Sender einer Botschaft hat »Follower«, Verfolger, die den »tweet« verbreiten. Die wiederum haben andere Freunde, und die Freunde der anderen Freunde wiederum haben noch andere Freunde. So fliegt meine Botschaft weltweit in Sekunden. Vorausgesetzt, die gezwitscherten 140 Zeichen wecken Interesse. Die dafür nötige Würze in der Kürze will natürlich auch erstmal erdacht und getippt werden.

2013 hatte sich Bundeskanzlerin Angela Merkel mit einer simplen Wortkombination Kritik und Hohn eingehandelt. Sie sprach vom »Neuland Internet«. »Offline-Oma Merkel«, haben wohl viele gedacht. Ich habe mich an dieser Häme nicht beteiligt. Denn sie hat Recht. Es ist keine 20 Jahre her, dass uns Kisten-Computer, Spezial-Postfächer und faxende Geräte ergötzten. Inzwischen klingt das nach Museumsgeschichten aus dem Mittelalter. Wer also weiß es besser und vor allem wirklich, was in noch einmal 20 Jahren sein wird? Alles Neuland!

CSU-PREMIERE

»Könntest du dir vorstellen, für DIE LINKE als Vizepräsidentin des Bundestages zu kandidieren?« Das fragte mich Lothar Bisky Anfang 2006. Er selbst war Ende 2005 viermal mit Mehrheit des Bundestages nicht gewählt worden. Es war eine Schande. Danach hatte die Fraktion DIE LINKE beschlossen, »ihren« Platz im Präsidium vorerst verwaist zu lassen, aus Protest. Aber das war natürlich ein schwacher, den ohnehin niemand wahrnahm.

Nun also ich? Ich erbat Bedenkzeit. Dann sagte ich zu, für einen einzigen Wahlgang, mehr nicht. Er ging gut aus. Am 7. April 2006 erhielt ich die Zustimmung der Mehrheit des Bundestages, also auch Zuspruch aus den Reihen der CDU/CSU, der SPD, der FDP und von Bündnis 90/Die Grünen.

Obwohl zwei Tage zuvor noch drei Abgeordnete der Grünen versucht hatten, mir eine Stasi-Verstrickung anzudichten. Ihre vermeintlich sichere Quelle sei Hubertus Knabe, der Direktor der »Gedenkstätte Hohenschönhausen«, meinten sie. Doch ihr gestreutes Gerücht gegen mich zerstob. Gleichwohl war ich erschüttert. Bei mir entschuldigt haben sich die drei Grünen übrigens bis heute nicht. Andere taten es, obwohl sie an der Intrige nicht beteiligt waren.

Nach meiner Wahl zur Vizepräsidentin outete sich sogar ein CSU-Abgeordneter. »Ich habe für sie gestimmt, Frau Pau, und damit erstmals in meinem Leben für eine Kommunistin.« Er war so stolz ob seines Mutes. Ich wollte ihn nicht enttäuschen. Also ließ ich die »Kommunistin« einfach stehen, obwohl ich mich als demokratische Sozialistin fühle. So hatten wir beide einen guten Tag.

SPD-RAUSWURF

Am Ende der Debatten wird abgestimmt – mit Ja, Nein oder Enthaltung. So ist das auch im Bundestag. Dabei ist die Form des Votums durchaus unterschiedlich. Mal heben die Abgeordneten einfach den Arm, mal müssen sie aufstehen, mal werfen sie ihre Stimmkarte in eine Urne. Das alles ist geregelt und soll hier nicht weiter erörtert werden.

Und dann gibt es noch den mysteriösen »Hammelsprung«. Er wird aufgerufen, wenn die vorausgegangene Abstimmung im Plenum nicht eindeutig war, jedenfalls nach Ansicht des leitenden Präsidenten und seiner beiden Beisitzer. Wobei ein Beisitzer stets aus der Opposition kommt und der andere von der Koalition. Sind sich alle drei über das Abstimmungsergebnis einig, ist es gut. Meint nur einer oder eine, etwas anderes gesehen zu haben, ja, dann kommt es zum »Hammelsprung«.

Meist ist dies der Fall, wenn die Oppositionsfraktionen, aus welchen Gründen auch immer, plötzlich mehr Abgeordnete im Plenum haben als die Koalitionsfraktionen, die eigentlich eine Mehrheit haben müssten. Das geschieht gelegentlich, und man kann darauf wetten: In einem solchen Fall wird der Beisitzer aus der Koalition sagen: Das habe ich aber ganz anders gesehen. So war es auch am 20. April 2006.

Es war der Tag, an dem ich zum ersten Mal ein Plenum zu leiten hatte. Minuten zuvor war ein »Hammelsprung« aufgerufen worden. Ich übernahm also eine Versammlung in Auflösung. Denn praktisch bedeutet ein »Hammelsprung«: Alle Abgeordneten verlassen den Sitzungssaal und betreten ihn nach Aufruf wieder durch eine Tür ihrer Wahl. Über der ersten steht »Ja«, über der zweiten »Nein«, über der dritten »Enthaltung«. So kann jede und jeder gezählt werden, und zum guten Ende gibt es dann ein zweifellos klares Abstimmungsergebnis.

Praktisch ist diese Übung natürlich komplizierter. Denn die Koalition hatte ja offenbar weniger Abgeordnete im Plenarsaal als die Opposition. Also waren insbesondere CDU/CSU und SPD, sie stellten damals die Regierung, bemüht, möglichst viele bis dato säumige Abgeordnete herbeizuholen. Das kostet Zeit.

Genau in dieser Situation übernahm ich also die Leitung des Plenums. Im Saal standen mehrere Gruppen, eifrig ins Gespräch vertieft, insbesondere Abgeordnete der SPD. Sie gestikulierten und diskutierten und waren so miteinander beschäftig, dass sie darob glatt vergessen hatten, was ihnen geboten ward. Nämlich hinauszugehen, damit der »Hammelsprung« endlich beginnen kann. Also sprach ich: »Ich bitte die Abgeordneten der SPD-Fraktion, umgehend den Plenarsaal zu verlassen.«

Das war mein erster protokollierter Satz als Vizepräsidentin des Deutschen Bundestages, ein kulturvoller Rausschmiss der SPD gemäß Geschäftsordnung.

KOREA VEREINT

Wenn der Präsident des Bundestages oder seine »Vize« Delegationen aus dem Ausland empfangen, dann sind wir quasi im diplomatischen Dienst. Dasselbe gilt, wenn wir offiziell in anderen Ländern unterwegs sind. Unsere Parteimitgliedschaft lassen wir dann ruhen. Wir haben den Bundestag als Ganzes zu repräsentieren. Außerdem regiert »das Protokoll« bis in den Zeitplan hinein, jedenfalls meistens.

Vor geraumer Zeit empfing ich im Bundestag eine Parlamentsdelegation aus Südkorea. Für das Gespräch waren exakt 45 Minuten vorgesehen. Die Themen waren vage vereinbart. Ich begrüßte die Gäste, es gab das obligatorische Gruppenfoto, die Teilnehmer beider Delegationen wurden wechselseitig vorgestellt, so weit, so üblich. Und dann kam alles anders.

Der Leiter des südkoreanischen Abgeordneten bat ums Wort. Er wisse, dass ich aus der einstigen DDR komme. So hätte ich die deutsche Einheit auch hautnah erlebt. Umso mehr freue er sich, ausgerechnet mich zu treffen. Denn sollte es demnächst zur Vereinigung von Süd- und Nordkorea kommen, dann wolle man keine unnötigen Fehler machen. Und wer könne uns dabei besser beraten, als Sie, Frau Pau. Am besten fangen wir gleich damit an. Sagte er.

Nach über zwei Stunden griff das Protokoll dezent ein. Man habe schon den Folgetermin der Delegation mit Bedauern absagen müssen und sorge sich inzwischen um das gesamte Besuchsprogramm. Wir beendeten also das Gespräch und verabschiedeten uns freundlich voneinander. Alsbald in Seoul, Frau Pau, drängte der Delegationsleiter aus Südkorea, er habe noch viele Fragen.

VÁCLAV HAVEL

2009 begegnete ich Václav Havel auf einer internationalen Konferenz in Prag. Parlamentarier – vor allem aus ost-europäischen Staaten – trafen sich, um der »Samtenen Revolution« in der damaligen ČSSR 20 Jahre zuvor zu gedenken.

Ich sollte als Vizepräsidentin des Bundestages Deutschland vertreten.

Plötzlich tauchte im Vorfeld ein Dokument auf, das dort beschlossen werden sollte. Ich las es und rief sofort beim Präsidenten des Deutschen Bundestages, bei Prof. Norbert Lammert (CDU) an. Ich muss das Mandat zurückgeben, sagte ich ihm. Diesem Dokument kann ich nicht zustimmen, nicht namens des Deutschen Bundestages, schon gar nicht als Linke.

Norbert Lammert verstand sofort. Denn in dieser vorbereiteten Erklärung wurde die Sowjetunion mit Nazi-Deutschland gleichgestellt. Er intervenierte beim Veranstalter. Das Dokument wurde zurückgezogen. Ich flog nach Prag.

Am zweiten Konferenztag kam es zum Treffen mit Václav Havel, dem bekannten Schriftsteller und Dissidenten aus ČSSR-Zeiten, der später Präsident der Tschechischen Republik wurde. Insbesondere die Repräsentanten der baltischen Staaten versuchten, ihn für ihre geplante Gleichsetzung zu gewinnen. Václav Havel überhörte dies vernehmbar und sprach stattdessen bewegt über aktuelle Defizite bei Bürgerrechten und Demokratie anno 2009.

Wir verstanden uns sofort.

KONTRÄRE BOTSCHAFTEN

Wenn ich nach Israel reise, dann immer mit vollem Programm und mit einer thematischen Klammer. Mal ging es um Erinnerungskultur im 21. Jahrhundert, mal um multikulturelle Herausforderungen, beide brisant, auch in Israel.

Ein höchst widersprüchliches Erlebnis hatte ich im »Gettho Fighters' House«. Die Ausstellung erinnert sehr drastisch an den Holocaust. Sie ergreift, sie mahnt, sie aktiviert. Jedenfalls empfand ich das so.

Doch bevor ich in das Grauen hinabstieg – so wird die Mahnung dort räumlich dargestellt, fern und ferner aller Menschlichkeit, tief und tiefer in die Abgründe des Faschismus – war ich im Nachbargebäude. Dort werden Seminare angeboten. Juden und Muslime, Israeli und Palästinenser und noch viel mehr junge Leute »üben« dort, wie man sich multikulturell und interreligiös bereichern kann. Es war spannend. Sie suchten engagiert Zukunft.

Danach begaben wir uns in die Keller vom »Gettho Fighters' House«. Dabei trafen wir auf eine Hundertschaft der israelischen Armee, uniformierte junge Frauen und Männer. Sie standen offenbar vor ihrem ersten Kriegseinsatz.

Eine mahnende Gedenkstätte an die Shoah, dem faschistischen Völkermord an Jüdinnen und Juden, und zwei Botschaften, die widersprüchlicher kaum sein konnten. Die Soldatinnen und Soldaten wähnten sich bestärkt, sie müssten im Zweifel als Erste schießen und totsicher treffen, weil nur so eine Wiederholung des Holocaust zu verhindern sei. Die »Multikultis« indes nahmen mit, dass eine Neuauflage dieser schlimmen Geschichte nur zu verhindern sei, wenn alle lernen, gleichberechtigt in Frieden leben zu wollen.

KINDERTRANSPORTE

Nein, diese Geschichte aus der Nazi-Zeit war mir lange unbekannt. So richtig präsent wurden mir die »Kindertransporte« erst 2008. Damals wurde am S-Bahnhof Friedrichstraße in Berlin eine Skulptur eingeweiht. Sie zeigt zwei Gruppen von Kindern, jüdischen Kindern. Die eine vor der Ausreise nach England, die andere vor der Deportation in Konzentrationslager der Nazis. Die erste getrennt von ihren Familien mit der Chance auf Überleben, die zweite dem Holocaust »geweiht«, wie ihre Familien.

»Kindertransporte« steht synonym für die Rettung von mehr als 10 000 Kindern, die als »jüdisch« im Sinne der Nürnberger Rassegesetze von 1935 galten. Sie erhielten kurze Zeit, von November 1938 bis zum 1. September 1939, die Chance, nach Großbritannien auszureisen, Kinder aus Deutschland, Polen, Österreich und der Tschechoslowakei. Die meisten sahen ihre Eltern nie wieder.

Was einerseits Hilfe versprach, hatte zugleich eine Kehrseite. Man versetze sich nur einmal in eine Familie mit zwei, drei Kindern. Eines konnte sie erwählen und in eine unbestimmte Ferne schicken, weil es so vielleicht überleben kann. Ihre anderen Kinder nicht, nur eins. Das alles übersteigt mein Vorstellungsvermögen, und doch muss es irgendwie präsent bleiben.

Nachdem das Berliner Denkmal zu den »Kindertransporten« 2008 eingeweiht war, empfing ich die aus allen Himmelsrichtungen angereisten »Kinder« als Vizepräsidentin offiziell im Deutschen Bundestag. Sie alle sind inzwischen hochbetagt, nannten sich aber noch immer »Kinder«.

Dabei war auch Frank Meisler, ein Künstler aus Israel. Ich habe ihn inzwischen in seinem Atelier in Haifa besucht. Auch er war ein solches »Kind« und schuf einige Erinnerungen an diese Transporte. Seine bildnerischen Arbeiten gibt es inzwischen in London, Wien, Berlin, Gdańsk und Hoek van Holland. Bei den meisten Einweihungen war ich als Repräsentantin Deutschlands gefragt und dabei.

Bemerkenswerter finde ich allerdings zwei andere »Beiläufigkeiten«. An der Berliner Skulptur für die »Kindertransporte« liegen fast täglich frische Blumen. Die hat niemand offiziell geordert, sie werden von Herzen gegeben.

Und: Berliner Polizeianwärterinnen und -anwärter hatten 2008 Patenschaften über noch lebende jüdische »Kinder« übernommen, um ihre Geschichten und Sichten zu bewahren. Die schlechteste Polizeiausbildung ist das gewiss nicht – im Gegenteil – sie sollte Schule machen.

BLAMAGEN LAUERN ÜBERALL

Die Berliner Schwarzkopf-Stiftung will jungen Leuten die europäische Idee nahebringen. Auch der Kampf gegen Antisemitismus gehört zum Programm. Das gefällt mir. Gleichwohl war ich überrascht, als 2009 ausgerechnet ich gebeten wurde, ein mehrtägiges Seminar zu diesem Thema zu eröffnen. Später erfuhr ich, die Alternative zu mir sei Henryk M. Broder gewesen.

Meine Pro-Themen sind Bürgerrechte und Demokratie, meine Kontra-Themen Rechtsextremismus, Rassismus und Antisemitismus. Also sagte ich zu und erzählte unter anderem folgende Geschichte aus dem Bundestag:

»2007 hatte ich die Bundesregierung gefragt, wie viele Schändungen jüdischer Friedhöfe in Deutschland sie in den zurückliegenden Jahren registriert habe. Die Antwort sorgte bundesweit für Schlagzeilen.

Denn im statistischen Schnitt wurde Woche für Woche ein jüdischer Friedhof geschändet. Das ist übrigens noch immer so. Allerdings wird dies selten als ›antisemitischer Vorfall‹ betrachtet, sondern häufig lediglich unter ›Randale‹ oder ›Störung der Totenruhe‹ abgebucht.

Gleichwohl: Im Bundestag fand sich eine informelle Arbeitsgruppe unter Leitung des Abgeordneten Gert Weisskirchen (SPD). Er war damals zugleich Beauftragter der OSZE gegen Antisemitismus. Alle Fraktionen waren vertreten. Ich war für die Fraktion DIE LINKE dabei. Wir waren uns einig: Es muss etwas geschehen. Wir vereinbarten, einen Handlungskatalog zu erarbeiten und einen entsprechenden Antrag dem Bundestag zum 70. Jahrestag der Reichspogromnacht vorzulegen, also rund um den 9. November 2008. Die gemeinsame Arbeit kam voran.

Sechs Wochen vor der Beschlussfassung fiel der CDU/CSU-Spitze ein, dass sie aus wahltaktischen Gründen keinen gemeinsamen Beschluss mit der Linksfraktion fassen wolle. Das war kleingeistig und sorgte für Unruhe bis in den Zentralrat der Juden hinein. Aber die Union blieb bei ihrer Linie.

Erst veränderte sie den Text bewusst derart, dass er für DIE LINKE untragbar wurde. So wurde behauptet, in der DDR seien Juden enteignet und außer Landes getrieben worden, weil sie Juden waren. Gegen diesen

Versuch, die DDR mit dem NS-Regime gleichzusetzen, protestierten auch andere Fraktionen.

Dann legte die CDU/CSU einen Antrag vor, bei dem alle Fraktionen als Autor ausgewiesen waren, nur die Fraktion DIE LINKE nicht. Aus dem starken Signal gegen Antisemitismus und für jüdisches Leben hierzulande war ein engstirniges parteipolitisches Gezänk geworden. Der Bundestag stand vor einer Blamage.

DIE LINKE griff zu einem Trick, um zu retten, was noch zu retten war. Wir reichten einen eigenen Antrag ein. Es war akkurat derselbe Text, wie im Mehrparteienantrag. So konnten unter dem Strich doch noch alle Fraktionen für ihren jeweiligen Antrag stimmen, also der Bundestag insgesamt.

In der finalen Plenardebatte warb ich für Vernunft. Wenn es um den Kampf gegen Rechtsextremismus, Rassismus und Antisemitismus gehe, sollten alle anderen politischen Differenzen zurückstehen. Das sollte unsere Lehre aus der Geschichte sein und unsere Verantwortung für die Zukunft unterstreichen.

Dann kam die Abstimmung, und urplötzlich wendete sich das Blatt. Elf Mitglieder meiner Fraktion nahmen nicht an der Abstimmung teil. Sie könnten eine Passage im Text nicht mittragen, begründeten sie. Fortan war in den Medien von ›Elf linken Abweichlern‹ die Rede.

Damit Sie keine falschen Relationen verinnerlichen: Das Gros aller Abgeordneten der Linksfraktion hat dem Antrag ›Den Kampf gegen Antisemitismus verstärken, jüdisches Leben in Deutschland weiter fördern‹ zugestimmt. Aber das wurde im allgemeinen Trubel zweitrangig.

Für mich war das eine Niederlage. Ich dachte, ich rede der CDU/CSU ins Gewissen und fand in der eigenen Fraktion kein ausreichendes Gehör.«

Diese Geschichte erzählte ich den Jugendlichen beim Seminar der Schwarzkopf-Stiftung. Nur ist diese Episode leider kein Unikat. Linke verhaken sich gern mal in sich selbst, ein Markenzeichen, ein überflüssiges.

HÄNDCHEN HALTEN

2007 war ich im niedersächsischen Bad Nenndorf. Dort versuchen deutsche Neo-Nazis seit Jahren einen europäischen Aufmarsch zu etablieren. Dagegen regte sich Widerstand, erst verhalten, später erfolgreicher. Ich war von einem Bündnis eingeladen worden, das widersprüchlicher kaum sein konnte. Es reichte vom örtlichen Apotheker über die Kirche bis zur Autonomen Antifa. Hinzu kam das parteipolitische Spektrum vor Ort, von CDU bis LINKE.

Für mich war spannend zu erfahren, wie sie ihre Gegensätzlichkeit aushalten und zusammenführen. Denn es ist nun mal ein Unterschied, ob man für Menschlichkeit in der Kirche betet oder sich Nazis auf Straßen entgegenstellt.

Wirklich?

2011 wurde ich in der »jungen Welt« attackiert, einer kleinen revolutionären Tageszeitung mit wachsamem Klassenstandpunkt. Und so geißelte sie verlässlich, Petra Pau habe in Dresden in einer bürgerlichen Menschenkette »Händchen gehalten«, anstatt Faschos den Weg zu versperren. Ich war übrigens bei beiden, bei den Gebeten ebenso wie bei den Barrikaden. Jede und jeder soll das gegen Neo-Nazis tun, was er oder sie will und kann, je mehr, desto besser. In Dresden scheint der alljährliche Nazi-Spuk inzwischen sogar vorerst vorbei zu sein. Wobei gewiss beiderlei Proteste daran ihren Anteil hatten. Sie bestärkten sich wechselseitig. Finde ich.

Zurück zu Bad Nenndorf, wobei ich ähnliche Diskussionen auch in Hamburg, in Bayern, in Rheinland-Pfalz hatte. Allemal immer, wenn ich der klassisch linken Parole widersprach: »Faschismus ist keine Meinung, sondern ein Verbrechen!« Sie klingt stark, doch ich bleibe dabei: Bevor Faschismus zum Verbrechen wird, verheert er als Meinung Köpfe. Dagegen helfen keine machtvollen Slogans, auch heute nicht. Antifaschisten müssen tiefer schürfen, früher ansetzen und breitmöglichste Bündnisse anstreben. So schwierig das häufig ist, für alle.

Mir fiel diese »junge Welt«-Schelte 2014 wieder ein. Im Bundestag tobte eine Redeschlacht zur sogenannten Ukraine-Krise. Eine Linke rückte dabei eine Grüne in die Nähe jener faschistischen Verbrecher, die in Kiew ihr braunes Süppchen kochten. Wechselseitige Empörung, die Medien liefen heiß. Ein innerdeutscher »Ersatzkrieg« schien eröffnet, wortreich und brotlos.

Ja, ich hatte in Dresden »Händchen gehalten«, mit Katrin Göring-Eckardt (Grüne) und Wolfgang Thierse (SPD). Wir drei sind bestimmt kein Herz und eine Seele. Aber die deutsche Geschichte lehrt mich: Die Nazis kamen 1933 nicht an die Macht, weil die NSDAP so stark war, sondern weil Demokratinnen und Demokraten zu zerstritten waren. Das will ich nie wieder.

FUSSBALL FÜR ROMA

Die Meldung ging international durch die Medien: Nazis haben in einem ungarischen Dorf das Haus einer Roma-Familie angezündet. Als der Vater mit seinem dreijährigen Sohn dem Inferno entkommen wollte, wurden beide erschossen. Ich wollte schon länger nach Ungarn reisen, zumal damals gerade eine neue linke Bürgerrechtspartei gegründet wurde. Aber nun fuhren wir gemeinsam in das Dorf, um uns mit den Hinterbliebenen, ja, überhaupt mit Sinti und Roma zu solidarisieren: Romani Rose, Vorsitzender des Zentralrates der Sinti und Roma in Deutschland, Theo Zwanziger, damals Chef des Deutschen Fußballbundes, und ich.

Abends waren wir im Népstadion beim Fußball-Länderspiel Ungarn gegen Deutschland. Vor dem Anpfiff warb eine antirassistische Initiative für Demokratie und Toleranz. Deutschland gewann das Match vor 8000 Zuschauern. Das waren sehr wenige im eigentlich fußballverrückten Budapest.

Nahezu zur selben Zeit wurde die neue Regierung vereidigt, unter freiem Himmel, bejubelt von 80 000 Ungarn. Sie gilt als rechtskonservativ-rechtspopulistisch und wird durch militante neofaschistische Organisationen gestützt. Auf ihr Konto gingen regelrechte Feldzüge gegen Sinti und Roma.

Tags darauf war ich im Jüdischen Viertel, bei der dortigen Gemeinde und im Holocaust-Museum. Der Direktor fürchtete um den Bestand seiner Ausstellung. Dort konnte man nämlich nachvollziehen, wie das 1944 war. Als die Nazis kamen, um Hunderttausende ungarische Juden in deutsche Gaskammern zu schicken, hatten die Horthy-Faschisten diese längst abholbereit in Lager zusammengepfercht. Diese tödliche Kumpanei sollte nun aus dem kollektiven Gedächtnis und ergo auch im Holocaust-Museum getilgt werden.

Unsere Dolmetscherin machte uns zudem auf Autoaufkleber aufmerksam. Wir sahen sie wohl, denn es gab sie massenhaft, wir konnten sie nur nicht deuten. Sie zeigten die Silhouette von Groß-Ungarn vor 1918 und mithin Ansprüche auf Territorien der Slowakei und Rumäniens.

Wenig später stellte diese ungarische Regierung Obdachlose unter Strafe, sobald sie im Stadtbild sichtbar wären. Sie überzog NGO, also Nichtregierungsorganisationen, mit einem Generalverdacht, sofern sie Kontakte ins Ausland pflegen. Sie kappte die Pressefreiheit zugunsten regierungshöriger Medien. Und, vorläufiger Höhepunkt 2014, sie plant eine Steuer für alle, die im Internet unterwegs sind.

Übrigens: Ungarn ist seit 2004 ehrenwertes Mitglied der Europäischen Union.

DES KAISERS NEUE FREIHEIT

Seit zehn und mehr Jahren kursiert die Idee, der deutschen Einheit anno 1990 ein Denkmal zu setzen. Am 9. November 2007 beschloss der Bundestag ein solches »für Einheit und Freiheit«. Und zwar auf dem Sockel des ehemaligen Kaiser-Wilhelm-Nationaldenkmals, also vor dem Schloss des Feudaladels, das derzeit wieder nachgebaut wird. Wo sonst?

Einspruch kam aus Leipzig: Die »Heldenstadt« hatte in Wendezeiten mehr Verdienste als Berlin und habe mithin ein Vorrecht auf ein Denkmal »für Freiheit und Einheit«. Seither werden zwei Skulpturen geplant, eine in Berlin und eine in Leipzig.

Das motivierte. Für das Berliner Denkmal wurde ein künstlerischer Wettbewerb ausgerufen. Er geriet zum Desaster. »Party-Schlümpfe und eine goldene Banane« überschrieb der »Stern« seine Abrechnung mit den über 500 Entwürfen, die bei der Jury eingereicht wurden und unisono durchgefallen waren. »Aus. Schluss. Setzen«, resümiert das Magazin.

Doch es folgte ein zweiter Wettbewerb, wieder Fehlanzeige. Nach einem dritten Anlauf wurde eine überdimensionale begehbare und zudem wippende Schale erwählt. Ja, so muss es sich wohl 1989/90 angefühlt haben.

Ich hatte die Denkmal-Idee bereits 2009 kritisiert. Zum geplanten Ort und zur befürchteten Gestalt kam ein dritter Zweifel. Auf meiner Webseite merkte ich damals unter der Überschrift »Des Kaisers neue Freiheit« an: »Es wird kein ostdeutsches, es wird kein westdeutsches und es wird auch kein gesamtdeutsches Denkmal. Sondern lediglich eine Skulptur für jene, die es beschlossen haben. Und für knipsfreudige Touristen, die mit Bussen angekarrt werden.«

Gleichwohl, schrieb ich damals, könnte ich mir vorstellen, im Bundestag einem Denkmal-Antrag zuzustimmen. Nur müsste der ganz anders aussehen, etwa so:

Der Bundestag möge in Würdigung der Bürgerrechtsbewegungen vor 20 Jahren in der DDR und in Ost-Europa beschließen:

1. Die im Grundgesetz angelegte direkte Demokratie wird freigeschaltet, so dass Volksabstimmungen sofort auch auf Bundesebene möglich sind.

2. Die beschlossene Vorratsspeicherung aller Telekommunikationsdaten wird sofort abgeschafft. Zuwiderhandlungen werden strafrechtlich geahndet.

3. Das Niveau der Renten-Ansprüche in den sogenannten neuen Bundesländern wird unverzüglich an das Niveau der Renten-Ansprüche-West angepasst.

4. Die Tarifpartner in der freien Wirtschaft und im öffentlichen Dienst werden dringend gebeten, die Ost-Tarife ebenso auf West-Niveau zu heben.

5. Zudem unterstützt der Bundestag die Gestaltung eines »Denkmals für Einheit und Freiheit«.

Wohlbemerkt: zudem, nicht anstatt! Nur, davon sind wir noch immer meilenweit entfernt. Für den 1. Mai 2015, ein Vierteljahrhundert nach der deutschen Einheit, wurden prophylaktisch Mindestlöhne für Pflegeberufe beschlossen, im Westen auf 9,40 Euro pro Stunde, im Osten auf 8,65 Euro. Was ja wohl sagt: »das Ossi« scheint pflegeleichter zu sein oder »das Wessi« schwerfälliger.

ZWISCHEN MAIN UND ODER

Nur einmal angenommen: Am 3. Oktober 1990, dem umjubelten Tag der Deutschen Einheit, wurden in Frankfurt zwei Knäblein geboren, der eine am Main, der andere an der Oder. Beide entwickelten sich prächtig, sie studierten und engagierten sich später als gefragte IT-Experten, der eine am Main, der andere an der Oder. Irgendwann, 2057 oder später, erhalten beide ihren Rentenbescheid. Auf dem vom Main steht mit Abstrichen »Danke«, auf dem von der Oder prangt »Ossi«. Der Oder-Mann hatte jahrelang weniger Lohn in der Tüte, als sein Kollege am Main. Obendrein benachteiligt das bundesdeutsche Rentenrecht auch noch 25 Jahre nach der Deutschen Einheit den Frankfurter von der Oder gegenüber dem Frankfurter am Main.

Die LINKE beantragt Legislatur für Legislatur, wieder und wieder, die offenen Rentenfragen endlich zu lösen – allein auf weiter Flur.

2009 nahm sich Bundeskanzlerin Angela Merkel der Frankfurter Frage zwischen Oder und Main an. Im Koalitionsvertrag der CDU/CSU mit der FDP stand hoffnungsfroh: Wir führen zusammen, was zusammen gehört. Und was dort steht, gilt. Und es galt, bis 2012. Dann ließ Angela Merkel kundtun, sie können am Main leider nicht vermitteln, was an der Oder erstrebt wird, kurzum Pustekuchen. Wahlen werden am Main gewonnen, nicht an der Oder.

DER 9. NOVEMBER

Kaum ein Datum ist in Deutschland so geschichtsträchtig wie der 9. November. 1848 wurde der Abgeordnete der »Frankfurter Nationalversammlung«, Robert Blum, hingerichtet und mithin das Ende der 1848er Revolution eingeleitet.

1918 begann in Deutschland die Novemberrevolution, die mit linken Persönlichkeiten wie Karl Liebknecht und Rosa Luxemburg verbunden war.

1923 scheiterte in München der »Hitler-Ludendorff-Putsch«. 1933 an die Macht gekommen, erklärte NSDAP-Chef Adolf Hitler das Datum zum Feiertag.

1938 begannen die unverhohlenen Pogrome der Nazis gegen Jüdinnen und Juden, die in den Holocaust mündeten und sechs Millionen das Leben kostete.

1989 »fiel« die Berliner Mauer, womit das Ende der DDR und der deutschen Teilung eingeleitet wurde, mit weltweiten Folgen.

Alle Jahre wieder findet sich jemand, der den 9. November wegen der Umbrüche 1989 zum nationalen Gedenktag erheben möchte. Man brauche Tage des Stolzes, ist zumeist die Begründung. Aber was kann und was darf an so extrem unterschiedlichen 9. Novembern Stolz erheischen? Ich finde, wer den von 1989 gegenüber allen anderen überhöht, versucht Geschichtsklitterung, bedient Vergessen.

Zumal: »Nationalstolz« auf den 9. November 1989 ist geradezu Volksverblödung. Denn die Bedeutung des 9. November 1989 hatte bestenfalls indirekt etwas mit der anschwellenden Bürgerrechtsbewegung zu tun, dafür viel mehr mit einem schussligen Mitglied des Politbüros der SED. Günter Schabowski interpretierte an diesem Tage ein überfälliges Reisegesetz für

Bürgerinnen und Bürger der DDR so, als seien die Grenzen der DDR »ab sofort, unverzüglich« für alle offen. Die massenhaften Reaktionen in den Stunden darauf schufen Fakten. Der angestaute Drang nach Reisefreiheit ließ sich nicht mehr aufhalten. Die Bilder dieser Nacht gingen um den Erdball. Dank dreier beiläufiger Worte, die er offenbar nicht begriff und so auch nicht wollte: »ab sofort, unverzüglich.«

Danach wurde der glühende Kommunist Schabowski zum Helden der westlichen Welt, und er bedankte sich dafür als fürderhin glühender Antikommunist. So schnell können neue Winde alte Feuer wenden.

Alle fünf Jahre werden die Feierlichkeiten zum 9. November hochgefahren. Was auch für mich heißt: politische Prioritäten setzen. Meine sind seit Jahren klar, als Linke, als Abgeordnete, als Vizepräsidentin des Deutschen Bundestages. Ich war und werde beim mahnenden Gedenken an den Holocaust sein, dem größten Verbrechen wider Menschen und die Menschlichkeit »Made in Germany«. Egal, welche Feuerwerke rundherum blitzen und böllern.

FALSCH ZEUGNIS

»Die Geschäftsstelle der PDS in Marzahn wurde gerade von Polizisten gestürmt!« Diese Botschaft alarmierte mich am Morgen des 19. Februar 1997. Damals war ich Landesvorsitzende der Berliner PDS. Mehr war telefonisch nicht zu erfahren. Also fuhren wir nach Alt-Marzahn. Haus Nummer 64 war umstellt und abgeriegelt. Neben der örtlichen PDS hatte dort Gregor Gysi ein Wahlkreisbüro. Außerdem bot der »Kleine Buchladen« Literatur an. Wie sich alsbald herausstellte, war der Neo-Nazi Kai Diesner eingedrungen und hatte auf den Erstbesten geschossen, der ihm vor seine Pumpgun kam. Es war der Buchhändler Klaus Baltruschat.

Aus »Hass gegen die Linke«, sagte Diesner später vor Gericht in Lübeck. Dort wurde verhandelt, weil er Tage nach dem Marzahner Attentat in Schleswig-Holstein einen Polizisten erschossen hatte. Doch der Mord auf einem Autobahn-Parkplatz und der versuchte Mord in Berlin-Marzahn hatten eine unmittelbare Vorgeschichte.

Am 15. Februar 1997 wollten die Jungen Nationaldemokraten (JN), der Nachwuchs der rechtsextremen NPD, in Marzahn-Hellersdorf aufmarschieren. Alle Parteien des Bezirksparlaments, Kirchen, Gewerkschaften und andere Initiativen demonstrierten gemeinsam dagegen – massenhaft, friedlich und erfolgreich, der Neo-Nazi-Aufmarsch fand nicht statt. Noch in der Nacht danach erstattete der damalige Landesvorsitzende der NPD Strafanzeige gegen Gregor Gysi und Petra Pau wegen »Aufruf zum Mord«. Gregor Gysi war übrigens bei der antifaschistischen Demo in Marzahn-Hellersdorf überhaupt nicht dabei, und der Vorwurf gegen mich war einfach absurd.

Nicht für die »Berliner Abendschau«, die Nachrichtensendung vom »Sender Freies Berlin«, später »Radio Berlin-Brandenburg«. Die hatte abends den Innensenator Jörg Schönbohm (CDU) als Kronzeugen im Interview. Der verkündete: Die Linke hat eine Menschenhatz auf junge Demokraten veranstaltet. So wurde ein breites antifaschistisches Bündnis zu einer gewalttätigen Linken umgedeutet und eine friedliche Demonstration zur Menschenhatz. Obendrein adelte Schönbohm militante Nazis als »junge Demokraten«. Das alles wurde unwidersprochen vom öffentlich-rechtlichen Fernsehen verbreitet.

Warum kommt mir diese schlimme Geschichte immer wieder in den Sinn? Natürlich im Zusammenhang mit dem totalen Staatsversagen rund um die NSU-Nazi-Mordserie. Denn erwiesen ist leider auch: Bei alledem fügten auch die Medien ihren Teil dem Desaster bei, zu staatsnah, zu opferfern. Das fatale

Wort »Dönermorde« für eine deutschnationale Ver-
brechensserie ging auf ihr Konto. Und bei aktuellen
Debatten für oder gegen eine Willkommenskultur gegenüber Flüchtlingen, also über Menschen in höchster Not, tun sich manche schwer mit Artikel 1 Grundgesetz: »Die Würde des Menschen ist unantastbar.«
Aller Menschen! Nicht nur der Deutschen!

KÖLNER KEUPSTRASSE

Nach dem 4. November 2011 wurde es publik. Eine
Nazi-Bande namens »Nationalsozialistischer Untergrund« (NSU) war über zehn Jahre lang mordend und
raubend durch die Bundesrepublik Deutschland gezo-
gen, unbemerkt und unbehelligt. Man muss allerdings
viele Fragezeichen wegwischen, um diese offizielle
Version zu glauben. Ich habe als Ob-Frau der Fraktion
DIE LINKE im Untersuchungsausschuss des Bundestages mitgearbeitet. Dabei ging es primär um das staatliche Versagen, also der Polizei, verschiedener Geheimdienste und der Justiz. Wir haben in Abgründe
geschaut, auch in rassistische. In einem amtlichen Er-
mittlungsprotokoll stand nach einem weiteren Mord,
diese Brutalität sei für den westeuropäischen Kultur-

kreis völlig untypisch. Ein Staatsanwalt notierte bei einem anderen Fall, man sei europaweit auf der Suche nach Zigeunern. Selbst auf meine Nachfrage im Ausschuss fand er das Schimpfwort Zigeuner völlig angemessen.

Wie andere Ausschussmitglieder besuchte ich etliche Tatorte, um mir ein Bild zu machen. Wir wollten uns nicht allein auf Akten verlassen. So war ich auch in der Kölner Keupstraße. 2004 hatten Böhnhardt und Mundlos dort eine Nagelbombe platziert und gezündet. Zwei Dutzend Anwohnerinnen und Anwohner wurden zum Teil lebensgefährlich verletzt. Mein Begleiter öffnete mir etliche Türen. Ich sprach mit einigen Betroffenen des NSU-Attentats. Zum Beispiel mit dem Inhaber des Geschäftes, vor dem die Bombe explodierte. Er sagte mir, dass er noch im Herbst 2011, also sieben Jahre nach dem Anschlag, von der Polizei bedrängt wurde. Er solle endlich aussagen, was er mit alledem zutun habe. Schließlich brach es aus ihm heraus: »Ich weiß, Frau Pau, auch die Polizei kann irren. Aber sie haben vergessen, dass wir Menschen sind. Das kann ich nicht verwinden.«

Mein Begleiter lud mich hernach noch zu einem Glas Tee ein. Zum Abschied fragte er mich fast verzweifelt: »Ich lebe jetzt seit rund 40 Jahren hier. Ich bin Deutscher, meine Kinder sind Deutsche, meine Enkel auch. Wo sollen wir denn hin?« Ich konnte ihm nur die Hand drücken.

SCHMUTZFÜSSE

Die Journalistinnen und Journalisten drängelten sich wie sonst kaum auf einer Veranstaltung der LINKEN. Kommt er oder kommt er nicht? Das war ihre Frage. Er kam, Hans-Georg Maaßen, seit 2012 Präsident des Bundesamtes für Verfassungsschutz. Sein Vorgänger im Amt, Heinz Fromm, war angesichts des NSU-Desasters zurückgetreten. Näheres gab er nicht kund. Aber unbestritten ist, dass die Ämter für Verfassungsschutz mehr als ein gerüttelt Maß Schuld am Totalversagen der Sicherheitsbehörden hatten.

»Verfassungsschutz als Geheimdienst auflösen – V-Mann-Praxis sofort beenden«, war die Podiumsdiskussion 2013 in Berlin-Prenzlauer Berg überschrieben. Die erste Forderung fand Georg Maaßen erwartungsgemäß voll daneben, was sonst. Die zweite kommentierte er lakonisch: »V-Leute sind Schmutzfüße, aber wir kommen ohne sie nicht aus.« Immerhin: Eine saubere Offenbarung, finde ich. Der Verfassungsschutz hat Schmutzfüße.

Nur, dass V-Leute keine schmuddeligen Informanten von nebenan sind, sondern gekaufte Spitzel und bezahlte Täter aus dem rechtsextremen Milieu, Nazis, punktum!

Carsten S., zum Beispiel: Er wuchs in Berlin-Neukölln auf. Im vereinten Deutschland zog er gen Ost, nach Königs Wusterhausen und erarbeitete sich alsbald in der Nazi-Szene einen gewaltigen Ruf, weit über die Mark Brandenburg hinaus. Anfang der 90er Jahre versuchte er, gemeinsam mit rechten Kameraden einen Nigerianer am Scharmützelsee erst zu erschlagen, dann zu verbrennen, schließlich zu ersäufen. Das Opfer überlebte nur knapp. Carsten S. wurde zu einer langjährigen Haftstrafe verurteilt. Von da an wurde er interessant für den Brandenburger Verfassungsschutz. Man warb ihn als V-Mann an, Tarnname »Piatto«. Alsbald bekam er Hafterleichterungen. Sein V-Mann-Führer, ein Beamter des Verfassungsschutzes, chauffierte ihn verlässlich zu Nazi-Konzerten und zurück. Das hielt Carsten S. unter Seinesgleichen. Er blieb auf dem Laufenden und konnte so eine Postille herausgeben, die in der JVA gedruckt und von Nazi-Kumpanen mit viel Lob bedacht wurde. Nur einmal schritt meines Wissens der Verfassungsschutz ein. Man bat »Piatto«, seine eigenen Artikel in dem Hetzblatt nicht mehr mit seinem Klarnamen Carsten S. zu zeichnen.

Später absolvierte er ein Praktikum mit positiver Beurteilung. Das stimmte die Richterin, die seine vorzeitige Entlassung verfügen sollte, offenbar positiv. Hinzu kam, dass Carsten S., alias »Piatto«, eine Festanstellung in Aussicht hatte. Auch das sprach für ihn. Er kam vorzeitig frei, mit der klaren Auflage, er habe sich fürderhin strikt von Nazis fernzuhalten.

Was der Richterin verschwiegen wurde: Das erfolgreiche Praktikum hatte Carsten S. in einem Nazi-Laden in Sachsen absolviert. Und als Festanstellung in Aussicht sollte er eine neue Filiale desselben im Raum Berlin-Brandenburg eröffnen. Das alles von Verfassungsschutz' Gnaden. So baut man Nazi-Netzwerke auf, anstatt sie zu bekämpfen. Und »Piatto« war kein

Einzelfall im NSU-Komplex. Im Untersuchungsausschuss des Bundestages fragte ich den damaligen V-Mann-Führer von »Piatto«, ob ihn rückblickend Zweifel plagen. Nein, beteuerte Herr Meyer-Plath. Kurz darauf wurde er Präsident des Landesamtes für Verfassungsschutz im Freistaat Sachsen.

MIT FÜNF MARK DABEI

Am 3. April 2000 titelte das Nachrichtenmagazin »Der Spiegel«: »Mit fünf Mark dabei«. Ich war auf dem Weg nach Neuruppin zum Landesparteitag der Brandenburger PDS. Plötzlich folgten mir etliche Kamerateams. Sie wollten Näheres wissen. Aber mich hatte der Spiegel-Artikel genauso überrascht.

»Ein Ex-Stasi-Offizier spionierte für den Berliner Verfassungsschutz die PDS-Landeschefin Petra Pau aus und schürte Konflikte zwischen Linksradikalen und PDS«, hieß es dort weiter. Ein Spitzel in meinem Wahlkreisbüro in Berlin-Prenzlauer Berg, also einer mit Doppelauftrag, denn ich war ja inzwischen auch noch Mitglied im Deutschen Bundestag. Die getitelten fünf Mark waren übrigens nicht etwa sein Salär vom Verfassungsschutz, das dürfte üppiger gewesen sein. Sie waren seine Eintrittsgebühr in die PDS, mein Wahlkreis-Mitarbeiter hatte sie ihm geliehen. Der Klarname des Agent provocateur ist hier nicht wichtig. Einmal aufgeflogen war er für den Berliner Verfassungsschutz ohnehin hinfällig.

Seither läuft meine juristische Auseinandersetzung »Petra Pau gegen die Bundesrepublik Deutschland«, konkret gegen meine Überwachung durch verschiedene Ämter für Verfassungsschutz. 2007 gab es einen ersten Teilerfolg. Das Bundesamt musste mir Einsicht in Akten gewähren, die über mich angelegt wurden, damals drei dicke Ordner. Besonders erhellend fand ich darin den Eintrag: »Petra Pau wurde am 06. April 2006 zur Vizepräsidentin des Deutschen Bundestages gewählt.« Donnerwetter, wie viele Beamte mögen da wohl im Untergrund gebuddelt haben, um das Geheimnis zu lüften.

Das Gros der Einträge war allerdings unlesbar, schwarz wie die Nacht. Jede Schwärzung wurde juristisch begründet, Ordnung muss sein. Sinngemäß waren es immer zwei Klarstellungen. Es müsse verhindert werden, dass ich Einsichten in die Arbeitsweise des Inlandsgeheimdienstes gewinne. Außerdem seien die »Quellen« zu schützen, aus denen der Verfassungsschutz schöpfe.

Wobei man sich nur öffentlich zugänglicher Quellen bediene, wurde emsig beteuert. Pikanterweise waren sogar abgeheftete Artikel von mir oder Interviews mit mir aus ganz normalen Zeitungen geschwärzt worden. Sicher ist sicher, ich könnte sie sonst lesen.

2012 gab es erneut eine Medienwelle: »26 Abgeordnete der Fraktion DIE LINKE werden vom Verfassungsschutz überwacht, darunter die Vizepräsidentin des Bundestages Petra Pau.« Nun kippte die medial veröffentliche Meinung wider die staatliche Schnüffelpraxis. Mein »Fall« war so auch Thema einer Talkshow des rbb. Dort fragte eine Journalistin den Ex-Verfassungschef Peter Frisch naiv, warum fast ausschließlich linke Abgeordnete aus dem Osten im Visier seien. Seine schlüssige Antwort hieß: Eben deshalb, man habe bei Ossis a priori immer einen Grundverdacht.

Derweil hatte ich die nächste Verhandlung »Pau gegen die Bundesrepublik Deutschland« vor dem Verwaltungsgericht Köln. Das Bundesamt für Verfassungsschutz war mit einem knappen Dutzend Beamter und Juristen angerückt. Offenbar mit der Order, den »Medien-Aufreger Pau« abzuräumen. Und so findet sich im Verhandlungsprotokoll vom 21. Februar 2013 sinngemäß auch dieser schöne amtliche Eintrag. Übersetzt: Gegen Petra Pau liegt nichts vor. Sie ist eine Gute. Die Beobachtung von Petra Pau wurde daher eingestellt. Dabei bleibe es auch fürderhin. Vorausgesetzt, Petra Pau bleibe eine Gute.

Vorsorglich ließen die Verfassungsschützer zugleich wissen, was sie mit »vorausgesetzt« meinten. Sollte ich es wagen, in der Partei DIE LINKE eine höhere Funktion anzustreben, könnte sich das Blatt im Handumdrehen wieder gegen mich wenden. Aber das ahnte ich ja schon: Die Demokratie will vom Verfassungsschutz halt immer wieder neu verteidigt werden. Koste es, was es wolle, notfalls die Demokratie selbst.

VERGNÜGTE RICHTER

Es gab verschiedene Gelüste, die PDS auszuschalten. Im November 1994 versuchte es das Berliner Finanzamt mit einem Steuerbescheid über 67,5 Millionen DM. Ein Betrag, der die Partei des Demokratischen Sozialismus in den Ruin getrieben hätte. Die Frist war eng, die Vollstreckung nahte, der Rechtsweg schien aussichtslos. Die PDS-Spitze entschied sich seinerzeit zum letztmöglichen Protest, zum Hungerstreik. Namentlich waren das damals Gregor Gysi, Lothar Bisky, André Brie, Dietmar Bartsch, Michael Schumann, Heinz Vietze, auch Pressesprecher Hanno Harnisch war dabei. Tausende Berlinerinnen und Berliner, nicht nur PDS-Mitglieder, demonstrierten daraufhin gegen die drohende Liquidierung der Partei. Erfolgreich, der Steuerbescheid wurde am 7. Dezember 1994 durch ein Gericht für null und nichtig erklärt.

Aber wie so häufig gibt es da auch noch Geschichten hinter der Geschichte. So besetzte das »Hungerstreik-Komitee« damals auch die Büros der »Unabhängigen Kommission zur Überprüfung des Vermögens der Parteien und Massenorganisationen der DDR«, kurz UKPV, in Berlin-Mitte. Ich war dabei. Der aktuelle Chef der UKPV, Hans-Jürgen Papier, hörte sich unseren Protest an. Er bat um Verständnis, dass er dennoch weiterarbeiten müsse, und er bot an, uns Hungerstreikenden mit Häppchen und Schlückchen zu versorgen, falls wir das wünschten. Er hatte Humor.

Das alles fiel mir viele Jahre später wieder ein, im Herbst 2006. Die Unabhängige Kommission wurde aufgelöst, der Präsident des Bundestages, Norbert Lammert (CDU), sollte und wollte den Mitgliedern für ihre Arbeit danken, konnte dies aber nicht selbst tun. Also schaute er ins Präsidiumsrund. Sein werbender Blick traf mich. Alle anderen nickten zustimmend. Nur ich hatte Bedenken, war es doch bei den fraglichen Vermögen auch und vor allem um meine Partei gegangen. Also sprang jemand anders ein. Zugleich war das schade. Denn flugs war mir die nächste Geschichte hinter der Geschichte eingefallen. Nach unserer Protestvisite bei der Kommission, damals 1994, erhielten wir allesamt eine Anzeige wegen Hausfriedensbruch. Wir hatten uns obendrein angekettet und mithin strafbar gemacht.

Mein Prozess folgte auf dem Fuße, fünf Jahre später, 1999. Zu meiner Verteidigung schilderte ich noch mal unsere Verzweiflung. Ich erinnerte daran, dass der umstrittene Steuerbescheid rechtlich nicht haltbar war. Und ich warb um Verständnis, dass wir darob spontan auf die Idee gekommen seien, uns in Ketten zu legen.

Die Richter hörten mir vergnügt zu und verurteilten mich zu einer Geldstrafe von 30 Tagessätzen. Da ich inzwischen Mitglied des Deutschen Bundestages war, ging es um ein erkleckliches Sümmchen.

Der Kronzeuge gegen mich war übrigens Lothar Bisky. Er hatte nach dem Hungerstreik ein Buch veröffentlicht. Der Titel: »Wut im Bauch!« Darin ist nachlesbar, wer die Idee zur Besetzung hatte und wie die Ankettaktion vorbereitet wurde, also nix spontan. Die Richter hatten es gelesen. Schlimmer noch: Sie glaubten dem Vorsitzenden einer sozialistischen Partei obendrein mehr als mir. Mein Finale dieser Geschichte hätte ich Hans-Jürgen Papier zur Verabschiedung der Kommission gern erzählt. Sie hätte ihm bestimmt gefallen.

DEFILIERMARSCH

Seit etlichen und noch mehr Jahren verbringe ich meinen Sommerurlaub im Allgäu. Für meine Treue zur Region wurde mir jüngst offiziell ein Kälbchen anheimgestellt. Ich wurde seine Patin, inklusive der Aussicht auf schmackhaften Käse, sobald es milcht.

Doch so harmonisch war es nicht immer.

Dereinst saß ich auf dem Marktplatz. Die Sonne schien, wir tranken Kaffee. Die Kirchenpforten gingen auf. Heraus strömten Gläubige, vernehmbar besorgt. Offenbar war ihnen drinnen eine Denkaufgabe gestellt worden: Ist es gut für Oberstaufen oder eher schlecht, wenn sich jetzt Rote aus Berlin hier einnisten? Kein Zweifel, es muss im Gottesdienst um mich gegangen sein.

Jahre später klang dies ganz anders.

Wieder war ich auf dem Sommerfest der Feuerwehr. Dort gab es Hax'n und Bier, Kaffee und Kuchen, Spaß und Musik. Plötzlich verstummte die Kapelle. Der Dirigent wandte sich dem Publikum zu und sprach: »Wir begrüßen herzlich unsere Vizepräsidentin des Deutschen Bundestags, willkommen Petra Pau.«

Das Orchester erhob sich und spielte den Bayrischen Defiliermarsch.

Danach hatten die Musikanten Durst. Die Zeche ging an mich.

HERR BÜRGERMEISTER

2007 vereinigten sich die Linke, PDS und die Wahlalternative Soziale Gerechtigkeit (WASG) im Berliner Hotel »ESTREL« zur Partei DIE LINKE. Nein, eine Liebesheirat war das wohl nicht. Aber eine kurze Chance, bundesweit eine neue Partei links der SPD zu etablieren. Ein Jahr später war ich in Donau-Ries, in Schwaben. Der Kreisvorsitzende der LINKEN dort, Manfred Seel, hatte mich gebeten, zu seinen Genossinnen und Genossen zu sprechen. Vorab gab es ein Hin und Her, mit Zu- und Absage, mit Quartier buchen und abmelden. Das Übliche, wenn mein Kalender überquillt. Aber schließlich klappte es doch, zumal ich am Folgetag Gespräche in München hatte und mithin bereits auf halbem Weg dorthin war.

Nun reise ich nie über Land, nur um auf meine eigene Partei zu treffen. Stets will ich wissen, was Beschlüsse des Bundestages im wahren Leben anrichten, egal, ob ich ihnen zugestimmt hatte oder dagegen war. Ich spreche also vor Ort mit sozialen Initiativen, mit Bündnissen für Demokratie und Toleranz, mit Umweltaktivisten, mit Kommunalpolitikern, so auch in Donau-Ries. Obendrein hatte mich der CSU-Bürgermeister ins Rathaus gebeten, auf dass ich mich im »Goldenen Buch« der Stadt verewige. Ich war dort bestimmt die erste Linke, die so geehrt wurde. Aber es war längst nicht mein erster Eintrag in Bayern.

Dann kam der Abend. Kaum hatte ich den Saal betreten, in dem ich reden sollte, stürzte ein Mann auf mich zu. »Sie hatten doch mein Hotel gebucht, dann wieder abgesagt, nun sind sie in einem anderen Hotel, warum nicht bei mir?« Ich erzählte ihm von dem Hin und Her, dass das nichts mit ihm zu tun habe, zumal wir uns ja gar nicht kennen. Und ich fragte ihn, ob er extra deswegen zur LINKEN gekommen sei, um sich bei mir zu beschweren.

Seine Auflösung war launiger! In Bayern nahten damals Landtagswahlen. Und wie alle neuen Parteien musste auch DIE LINKE Unterschriften sammeln, um überhaupt kandidieren zu können. »Dabei habe ich als Demokrat geholfen«, erzählte mir der Hotelbesitzer. Das wiederum brachte ihm eine öffentliche Schimpfkanonade des Bürgermeisters ein. Wie er denn dazu käme, sich ausgerechnet vor den Karren dieser roten Spinner spannen zu lassen. Es war derselbe CSU-

Mann, der mir gerade im Rathaus sein Ehrenbuch kredenzt hatte. »Ich fühlte mich arrogant und über Gebühr bestraft«, sagte mir der Hotel-Mann. »Bei so viel Schimpf und Schande hatte ich natürlich eine Untat gut. Also bin ich kurzerhand in DIE LINKE eingetreten.«

ALPEN-AUFSTAND

Häufig kommt es anders. Wer wüsste das nicht. Und doch gibt es immer wieder Überraschungen, die eherne Klischees prügeln. Ich beerdigte schon mehrere.

2008 war mein Bundestagsteam in einem Neuköllner Szene-Kino. Wir sahen uns den Film »Die 4. Revolution« an. Eine Dokumentation von und mit meinem damaligen MdB-Kollegen Hermann Scheer (SPD). Er war zugleich Vorsitzender von Eurosolar und ausgezeichnet mit dem Alternativen Nobelpreis. 2011 starb er und damit einer der letzten bekannten SPD-Geister, die eine sozialistische Vision hatten. Oder kennen Sie noch andere?

Sein Dokumentarfilm »Die 4. Revolution« dreht sich um die überfällige Solarwende und zugleich um greifbare Perspektiven für Entwicklung, Frieden und soziale Gerechtigkeit, weltweit. Kurzum: Ich empfehle den Film, seine Bücher ebenso. Auch, weil ich überzeugt bin, dass Linke im 21. Jahrhundert mit alten Antworten keine Zukunft gewinnen können. Sehr verkürzt gesagt: Soziale Linke müssen künftig zugleich grün und Piraten sein, ökologisch und internett.

Derweil hatte mich DIE LINKE in Lindenberg (Allgäu) gebeten, ihren Bundestagswahlkampf 2009 zu unterstützen. Also standen wir gemeinsam auf dem Marktplatz und warben mit viel Buntpapier und noch mehr Botschaften um Volkes Stimme.

Beiläufig schaute ich mir die üblichen Schaukästen einer Kleinstadt mit den Aushängen der Feuerwehr, der Bergwacht, der Stadtkapelle, des Sportvereins und der heimischen Parteien an. Und plötzlich stutzte ich. Ich las eine Einladung zu einem Filmabend mit Diskussion. Gezeigt werde »Die 4. Revolution«, also der Scheer-Film mit einer antikapitalistischen, demokratisch-sozialistischen Vision. Die Einladung kam nicht von der LINKEN, nicht von den Grünen, nicht von der SPD, sondern von der örtlichen CSU. Christlich Sozialistische Union? Im Grab von Franz Josef Strauß soll es gerumpelt haben.

KARL UND ROSA

Rosa Luxemburg und Karl Liebknecht wurden im Januar 1919 ermordet. Ihre Ehrengräber sind auf dem »Friedhof der Sozialisten« in Berlin-Friedrichsfelde. Jeweils am zweiten Sonntag im Januar spazieren oder demonstrieren alljährlich zigtausende Linke aller Couleur aus dem gesamten Bundesgebiet dorthin, um beider zu gedenken. Traditionell meldet DIE LINKE, früher die PDS, diese Veranstaltung an. So war es auch 1999.

Plötzlich bekam ich einen Anruf vom Landeskriminalamt, Sonnabend, keine 24 Stunden zuvor. Es gäbe eine Bombendrohung. In der Kürze der Zeit könne die Berliner Polizei die Sicherheit so vieler Teilnehmer nicht gewährleisten. Ich möge die Veranstaltung absagen.

Krisensitzung des Landesvorstandes: Was tun? Ist es eine Finte oder doch eine Gefahr, Risiko oder Verantwortung, wir debattierten, Stunde um Stunde. Die Telefone schrillten. Mal hatte ich Gregor Gysi am Ohr, er beriet uns juristisch, mal den Polizeipräsidenten, der drängte auf Entscheidung. Absagen sei politisch unklug, meinte Gregor Gysi. Die Drohung sei ernst, unterstrich der Polizeipräsident. Pünktlich vor der »Berliner Abendschau« wurden wir uns einig, so dass diese in ihrer Hauptnachrichtensendung melden konnte: »Wie der PDS-Landesvorstand mitteilt, kann die traditionelle Liebknecht-Luxemburg-Ehrung morgen wegen einer Bombendrohung nicht stattfinden. Sie wird um eine Woche verschoben.«

Schon wenige Stunden später kursierte ein Aufruf revolutionärer Tugendwächter für eine machtvolle Demonstration durch Berlin – gegen Pau und den reaktionären Landesvorstand. Demnach waren wir Bütteln des Imperialismus auf den Leim gegangen und hätten so Karl und Rosa zum zweiten Mal ermordet.

Sonntagfrüh standen wir vor den Ausgängen der U- und S-Bahnhöfe, die in Richtung Friedrichsfelde führten. Wir informierten die Anreisenden, die noch nichts von der Verschiebung gehört hatten. Vor dem Friedhof hatte sich ein Pulk gebildet und begehrte Einlass. Die Empörung einiger war unüberhörbar. Eine Anwohnerin lud mich schnell auf einen entspannenden Kaffee zu sich ein.

Am Sonntag darauf wurde die Ehrung von Rosa Luxemburg und Karl Liebknecht nachgeholt, gesichert durch ein unübersehbares Polizeiaufgebot. Schon früh trafen wir uns in einem kleinen Gebäude am Friedhof und berieten die Lage. Der Bürgermeister von Berlin-Lichtenberg, Wolfram Fredersdorf (PDS), kochte Krisen-Kaffee für uns und den Polizeipräsidenten, der ebenfalls gekommen war. Draußen zogen derweil wieder sehr, sehr viele an den Gräbern vorbei.

Zugleich beäugten Zivilpolizisten in U- und S-Bahnen, ob irgendein Fahrgast dem potenziellen Attentäter ähnelte. Den gab es nämlich tatsächlich. Er wurde später verurteilt. Jedenfalls wurden etliche, die zu Karl und Rosa wollten, aus dem Zug geholt und überprüft. Das weiß ich aus erstem Mund. Denn zu den Verdächtigen gehörte auch mein persönlicher Mitarbeiter im Bundestag.

LINKE UND POLIZEI

Nein, Linkssein ist nicht leicht, zuweilen geradezu extrem kompliziert. Es ist einige Jahre her, da wurde ich ob eines schlimmen Regelverstoßes wieder einmal gemaßregelt. Per E-Mail, also modern, aber nichtsdestotrotz klipp und klar: Ich sei auf Verräterspur, wurde mir mitgeteilt.

Worum ging es? Am Berliner Alex tagte ein europäischer Polizeikongress. Unter Linken trug er den Stempel »Rüstungsmesse«. Und in der Tat hatten sich in der Lobby alle aufgebaut, die neue Überwachungstechnik oder moderne Kleinwaffen zu bieten hatten.

»An einer solchen Veranstaltung beteiligen sich richtige Linke nicht. Sie demonstrieren kraftvoll davor!«, schrieb mir ein Fraktionskollege ins Stammbuch.

Ich nahm dennoch an der Diskussion teil, zu der alle Fraktionen des Bundestages eingeladen waren. Als Linke lehnte ich die Vorratsspeicherung aller Telekommunikationsdaten und anderweilige Eingriffe in verbriefte Bürgerrechte ab. Als Einzige auf dem Allparteien-Podium, wenigstens ich, fand ich.

Nicht dass mir jemand vorwerfen kann, ich sei unbelehrbar. Tags darauf – drinnen beriet noch immer der europäische Polizeikongress – zog ich mit meinem Büroteam vor das Congress-Center. Wir wollten die angekündigte machtvolle Demo stärken. Es war ein voller Erfolg, denn wir vier verdoppelten die Teilnehmerzahl der anwesenden linken Protestanten. Mein Fraktionskollege, der mich zuvor so vehement getadelt hatte, war leider nicht da. Aber auch das hatte sicher wieder sehr linke Gründe.

MARZAHN ÜBERLEBEN

»Wenn man in Marzahn aufgewachsen ist und das unbeschadet überlebt hat, ist man zu allem fähig.« So kommentierte ZDF-Sportmoderator Wolf-Dieter Poschmann die Silbermedaille im Hammerwerfen von Betty Heidler bei der Leichtathletik-Weltmeisterschaft 2009. Ich lud ihn hernach »gütig« in meinen Wahlkreis ein. Poschmann hat nie geantwortet. Er behielt lieber seine Klischees.

Marzahn-Hellersdorf hat übrigens so viele Einwohner wie Kiel oder Magdeburg, und die kommen inzwischen aus 58 Nationen. Hier streckt sich der zweitgrößte Berg Berlins, der einzige mit Panoramablick ins Brandenburgische. Und die schönsten »Gärten der Welt« ziehen jährlich Hunderttausende Besucherinnen und Besucher an, aus nah und fern. Zur Internationalen Garten-Ausstellung, »IGA 2017«, wird übrigens eine Seilbahn den Gästen gehobene Ausblicke ermöglichen und nebenbei die Weitsicht der Europäischen Union preisen. Die hatte nämlich zur Jahrtausendwende alle deutschen Bundesländer verpflichtet, ein Seilbahn-Gesetz zu erlassen, also auch Flachländer wie Berlin.

Die viel bemühten Marzahn-Hellersdorfer Plattenbauten aus DDR-Zeiten sind längst modern saniert.

Viele Städte im Westen Deutschlands registrieren das neidisch, zu Recht. Zugleich prägt das größte zusammenhängende Siedlungsgebiet Europas mit Ein- und Zweifamilienhäuser und viel Grün den Bezirk. In Alt-Marzahn lockt das historische Dorf mit einer intakten Bockwindmühle in ländliche Gegend. Stadtkinder lernen drumherum Haus- und Hoftiere streicheln und so auch, dass Eier, Milch und Brot nicht vom Supermarkt stammen.

Natürlich gibt es Schattenseiten, schlimme. Davon zeugen »Die Arche« und andere sozial engagierte Initiativen, die sich um Kinder aus ärmlichen Verhältnissen kümmern. Oder Menschen in Not, die aus ihrer Heimat flüchten mussten und nun in Marzahn-

Hellersdorf Hilfe suchen. Die finden sie auch, allemal von jungen Leuten, und doch werden sie zugleich von Neo-Nazis bedroht, vor ihrem kargen Heim und bei Facebook.

Das alles und mehr hätte ich ZDF-Poschmann gern gezeigt. Auch das Gründerzeit-Museum von Charlotte von Mahlsdorf oder Schloss Biesdorf, wo DIE LINKE einmal im Quartal zum »Unternehmer-Frühstück« einlädt. Nur die selbsternannte »Cindy aus Marzahn« wäre ich ihm schuldig geblieben. Sie stammt nämlich nicht von hier. Sie lebt auch nicht hier. Sie hat mit Marzahn nix zu tun. Und das ist auch gut so.

KUMMER UND LIEBE

Wenn auf meiner Webseite www.petrapau.de der Tageseintrag mit »Wahlkreistag« überschrieben ist, so mag das für viele nach routinemäßiger Langeweile klingen. Doch weit gefehlt. Allemal in meinen obligatorischen Sprechstunden für Bürgerinnen und Bürger gibt es nichts, was es nicht gibt. Da bin ich als Wahlkreisabgeordnete plötzlich für alles zuständig, für den ungestreuten Fußweg zur Straßenbahn im Winter ebenso wie für eine Hungerkatastrophe in Afrika. Und da kommt man mit dem trockenen Hinweis, das eine sei Bezirkspolitik, das andere Weltpolitik, nicht raus. Besorgte, gar beladene Bürgerinnen und Bürger unterscheiden nicht feinsinnig nach Klein- oder Großkompetenzen. Sie begehren Rat und Hilfe von mir, egal ob sie mich gewählt haben oder ohnehin nicht wählen.

Da bleibt nach jeder Bürgersprechstunde viel Nacharbeit, und die obliegt zu großen Teilen meinen Wahlkreismitarbeitern. Diese Kolleginnen und Kollegen agieren im Schatten ihrer Mitglieder des Bundestages. Ohne sie sähen MdB, allemal direkt Gewählte, häufig blass aus. Das musste ich jetzt mal sagen.

Aber es gibt auch Probleme aus Sprechstunden, da ist jede politische Kompetenz überfordert. So kam ein junger Mann zu mir und schilderte mir seinen ersten Liebeskummer. Nun kenne ich kein Bundesgesetz, keine EU-Kompetenz und auch keine Instanz in Marzahn-Hellersdorf, die man dagegen beanspruchen könnte. Die suchte er auch nicht, sondern einfach eine Person, um sich ihr anzuvertrauen. Er habe mich im Fernsehen erlebt und gefühlt, sagte er, Petra Pau sei die Richtige. Ich weiß nicht, was aus seiner Liebe wurde. Aber jeder Wahlkreistag ist voller spannender Unwägbarkeiten.

DES ANDEREN LAST

»Einer trage des anderen Last« ist mein Motto. Die Reaktionen darauf sind höchst unterschiedlich. »Petra Pau von der Linken und ausgerechnet ein Bibel-Wort«, höre ich gelegentlich im Westen. »So hieß doch ein klasse DDR-Film«, erinnern sich zuweilen Leute im Osten. So oder so, jedes Mal geht es um Miteinander, um Füreinander, um Solidarität. Deshalb!

Der DEFA-Film wurde seinerzeit übrigens in Ost und West prämiert. Dabei brauchte es zehn Jahre, bis er in der DDR überhaupt produziert werden durfte. Denn im Kern ging es darum, wie zwei junge Männer, beide lebensbedrohlich erkrankt, sich konfliktreich menschlich näher kamen: ein Christ und ein Kommunist, ein Glaube und ein Standpunkt, Hoffen und Kämpfen. Nein, das war keine Schmonzette, das war großes, denkwürdiges und spannendes Kino, mittendrin im Leben mit all seinen Wirren und Konflikten. Als er endlich gedreht und gezeigt werden konnte, sprach er Millionen Zuschauer an und aus dem Herzen. In Berlin ebenso wie in Kairo oder London.

Später erfuhr ich, dass der Autor eine Fortsetzung geplant und geschrieben hatte. Die neuen Episoden aus dem Drehbuch las ich erneut mit Hochspannung. Nur wurden sie in »Deutschland einig Vaterland« nie verfilmt. Damit ließe sich kein Geld verdienen, hieß die lapidare Ablehnung angefragter Filmstudios. Teil 1 von »Einer trage des anderen Last« wurde in der DDR ob politischer Sperren lange blockiert, Teil 2 fand später in der BRD aus Profitgründen keine Gnade. Wuchs so zusammen, was zusammen gehört?

»Einer trage des anderen Last« heißt auch eine Veranstaltungsreihe, zu der ich gelegentlich in meinem Wahlkreis Marzahn-Hellersdorf einlade. Als ich Dr. Götz Werner zu Gast hatte, reichten die Stühle im Kulturforum nicht. Er ist Unternehmer, sein Vermögen wird über eine Milliarde geschätzt, und er ist ein gewinnender Redner. Sein, unser Thema war ein »bedingungsloses Grundeinkommen für jede und jeden«, damit alle menschenwürdig leben können. Ich füge hinzu: Damit die viel gepriesene Freiheit ein soziales Fundament hat.

BEINAH-PRÄSIDENTEN

Ihr grünes Lederkostüm ist legendär, die dazu passende Handtasche auch. Ich durfte sie 1999 bewachen, die Tasche, damit Uta Ranke-Heinemann in der entscheidenden Stunde freie Hand hatte. Im Reichstagsgebäude tagte die Bundesversammlung, um einen neuen Bundespräsidenten zu küren. Uta Ranke-Heinemann bewarb sich als Parteilose auf PDS-Ticket um das höchste Amt im Staate, und aus Protest. Die streitbare Religionsgelehrte und Pazifistin war vehement gegen den Einsatz der Bundeswehr im völkerrechtswidrigen Krieg in Ex-Jugoslawien. Mit ihrer Kandidatur wollte sie ihr Friedensgebet politisch verstärken.

5,2 Prozent aller Stimmen für sie reichten allerdings nicht für die nötige absolute Mehrheit. Bundespräsident wurde Johannes Rau (SPD). Gefragt, was er von seiner Herausforderin halte, meinte er genüsslich: »Man kann sich halt seine Verwandtschaft nicht aussuchen.« Die Theologie-Professorin Uta Ranke-Heinemann, die für die Linke angetreten war, ist die Tochter des ehemaligen Bundespräsidenten Gustav Heinemann und war mithin die Tante der Ehefrau von Johannes Rau.

2009 sorgte DIE LINKE erneut für ein frisches Windchen im vermeintlich lauen Wahlkampf. Letztlich wurde Horst Köhler (CDU) Bundespräsident. Peter

Sodann hatte dagegen kandidiert. Er ist Kabarettist, Schauspieler und Intendant. Zu DDR-Zeiten war seine forsch-frische linke Meinung mit einer mehrmonatigen Haftstrafe geahndet worden. Schon 2005 hatte Peter Sodann vernehmbar erwogen, bei der anstehenden Bundestagswahl als linker »parteiloser« Spitzenkandidat anzutreten. Das ließ er sein, nicht zuletzt, weil er offenbar vom mdr vor die Alternative gestellt wurde: entweder für DIE LINKE oder Tatort-Kommissar, beides gehe nicht. Er blieb »Ehrlicher« und verkündete landauf, landab: Wäre ich ein richtiger Kommissar, so würde ich endlich mal die Großen hinter Schloss und Riegel bringen, wie Ackermann, den Chef der Deutschen Bank. Sodann gab auch Einblicke ins Intime, etwa zu seinen Gepflogenheiten frühmorgens: Ich gehe mit einem Kreuzworträtsel aufs Klo. So starte ich gleich mit zwei Erfolgserlebnissen in den Tag.

Aber er kann auch engagiert böse werden. Nach der Wende 1989/90 trennten sich sehr viele DDR-Bürger von noch mehr Büchern. Für Peter Sodann war das die »größte Bücher-Vernichtung in der deutschen Geschichte«. Ein harsches Urteil angesichts der Bücherverbrennung durch die Nazis. Peter Sodann rettete mit Freunden seither zigtausende Bücher und bewahrt sie in einer Scheune auf.

Das Amt des Bundespräsidenten galt lange Zeit als ehern. Die politischen Akzente der jeweiligen Repräsentanten mag der eine so und die andere so bewerten. Richard von Weizsäcker (CDU) zum Beispiel hatte 1985 den historischen 8. Mai 1945 als »Tag der Befreiung vom menschenverachtenden System der nationalsozialistischen Gewaltherrschaft« bezeichnet, gegen den Mainstream seiner eigenen Partei. Roman Herzog (CDU) wiederum hielt 1997 seine berühmte »Ruck-Rede«, nach der »alle Deutschen Opfer bringen müssen«, für die Zukunft. Es war ein Plädoyer für den Neoliberalismus, der letztlich eine Kapitulation der Politik gegenüber dem Kapital bedeutet.

Später kam Bewegung anderer Art ins Schloss Bellevue: Bundespräsident Horst Köhler trat 2010 vorzeitig ab, ebenso sein Nachfolger Christian Wulff 2012, also gab es zweimal vorgezogene Neuwahlen. 2010 bot DIE LINKE Lucretia Jochimsen auf. Ich hatte sie, lange bevor sie meine Fraktionskollegin im Bundestag wurde, als Moderatorin beim Hessischen Fernsehen kennengelernt. Sie ist eine unermüdliche Streiterin für soziale Gerechtigkeit und politische Kultur. 2012 kandidierte für DIE LINKE Beate Klarsfeld, eine anerkannte deutsch-französische Antifaschistin. Weltweit bekannt wurde sie, als sie 1968 den einstigen Bundeskanzler Kurt Georg Kiesinger wegen seiner Nazi-Vergangenheit auf offener Bühne ohrfeigte.

Natürlich wussten alle linken Kandidatinnen und Kandidaten, dass sie keine Chance hatten: Uta Ranke-

Heinemann, Peter Sodann, Luc Jochimsen, Beate Klarsfeld. Aber sie engagierten sich mit ihren hoffnungslosen Kandidaturen und verwiesen dadurch auf politische Alternativen: gegen Kriege, für soziale Gerechtigkeit, für politische Kultur und gegen westdeutsches Vergessen. Danke!

WILLKOMMENS-SCHRANKE

»Der beste Platz für Politiker ist das Wahlplakat. Dort ist er tragbar, geräuschlos und leicht zu entfernen.« Meinte Loriot dereinst. Nur, wie kommt man auf die Plakate? Die Fotos auf den Plakaten sollen natürlich ansprechen und möglichst authentisch wirken. Irgendwelche Schnappschüsse genügen dem nicht, Profis sind gefragt. Also Foto-Shooting, wie es neudeutsch heißt, manchmal stundenlang, mit heller oder dunkler Jacke, mit oder ohne Schal, sitzend oder stehend. Das kann nerven, doch gefragt ist ernsthafter Frohsinn auf den Fotos.

Danach saßen wir in der Berliner Agentur »Trialon« zusammen, die seit Jahren die Wahlkämpfe der Linken begleitet. Wir sahen uns Foto für Foto an, rund 200 an der Zahl. Bei jedem einzelnen ging es um Ja oder Nein, Top oder Flop, Plakat oder Papierkorb. Zum Schluss war kein Foto zu Höherem berufen, also alles noch mal von vorne.

Ein neuer Termin wurde vereinbart. Wir gaben die uns angegebene Adresse in den Navi ein und fuhren – durch Mitte, durch Kreuzberg, durch Schöneberg, durch Tempelhof, weiter und weiter. Brandenburg nahte bereits. Endlich sprach der Navi: »In 100 Metern bitte rechts abbiegen.« Wir bogen ab und standen vor einer Schranke. Auch sie sprach: »Zu wem wollen Sie?« Mein Begleiter antwortete: »Die Vizepräsidentin des Bundestages, Petra Pau, hat hier einen Termin.« Darob die Schranke: »Ich kenne keinen Termin mit der Vizepräsidentin des Bundestages bei uns!« Nun, eine Schranke kann irren, also wiederholten wir: »Doch, 14 Uhr, es geht um ein Shooting.« – »Fahren Sie rechts ran«, drängte die Schranke, »wir melden uns umgehend.«

Das »wir« kam danach leibhaftig auf uns zu. »Willkommen, Frau Pau, es handelt sich bestimmt um einen Irrtum, aber treten Sie ein.« Das uniformierte »wir« war der Chef einer Berliner Justiz-Vollzugsanstalt, abgekürzt JVA. Ich wähnte mich auf dem Weg in den Bundestag, nun stand ich vor einem Knast und wurde willkommen geheißen. Ich war ein wenig irritiert.

Das Ganze fand eine simple Erklärung. Am Wochenende zuvor gab es einen Vorfall in dieser JVA. Die

»Berliner Abendschau« hatte darüber berichtet. Mein Partner bei »Trialon« fand das irgendwie spannend, notierte sich darher die Anschrift dieser JVA und übermittelte diese mir versehentlich als Adresse des Foto-Studios. So schnell können hell und finster durcheinander geraten. Immerhin: zu guter Letzt gab es doch noch ein respektables Foto.

TALKSHOW-LEHRE

Das erste Mal ist immer etwas Besonderes. So war es auch bei meiner Premiere in einer bundesweiten TV-Talkshow. Worum es ging, weiß ich nicht mehr. Auf jeden Fall drehte es sich wohl auch um die Partei des Demokratischen Sozialismus, kurz PDS. Ich war seinerzeit Landesvorsitzende in Berlin, und dort wurde kurz zuvor, im Herbst 1995, ein neues Abgeordnetenhaus gewählt, das Landesparlament der Spree-Metropole. Mit überraschenden Erfolgen für die PDS. In den Ostbezirken gingen 36 der insgesamt 37 Direktmandate an uns, und auch im Westteil der Stadt wurden wir überdurchschnittlich gut gewählt.

Das warf natürlich Fragen auf. Geht das mit rechten Dingen zu? Ticken ausgerechnet die Berlinerinnen und Berliner nicht mehr richtig? Und wer ist das überhaupt, diese rothaarige mit dem Igelschopf, diese Pau?

Natürlich war ich aufgeregt. Inmitten allseits bekannter Politikerinnen und Politiker schlug ich mich unter grellen Scheinwerfern und vor laufenden Kameras tapfer, fand ich. Bis kurz vor Schluss, da setzte ich aus, sprachlos, total. Wie aus heiterem Himmel donnernd bezeichnete der CSU-Mann plötzlich mich und meine Eltern als rot-lackierte Faschisten.

Ich war dem Heulen nahe und wollte das Rund verlassen. Aber dafür war es zu spät. Die Moderatorin bedankte sich bei uns und bei den Zuschauern zuhause. Wir verließen das Studio, ich noch immer fassungslos. Beim Rausgehen kam Michael Glos, eben jener CSU-Grande auf mich zu und sprach sinngemäß: Na, Frau Pau, für ihre erste Talkshow waren sie doch sehr gut, finde ich. Da müssen wir drauf anstoßen. Krista Sager (Bündnis 90/Die Grünen) erfasste die Situation sofort und befreite mich aus der Umklammerung. Wir fuhren zu zweit ins Hotel. Ein Glas Rotwein half uns, den Abend zu lockern.

Nie wieder bin ich so naiv in eine Talkshow gegangen. Alle möglichen und unmöglichen Situationen haben wir seither vorab durchgespielt: Was sind die Tücken des Themas? Wer könnte welchen Part geben, wer Pro, wer Kontra? Wie wird die Moderation agieren? Wer streitet erfahrungsgemäß kulturvoll, wer aggressiv? Und so weiter.

Jahre später, ich war wieder einmal bei einem großen Talkshow gefragt, sagte ich bei der erstbesten Gelegenheit: »Sie, Herr Glos, haben meine Mama und meinen Papa öffentlich als Faschisten beschimpft. Bevor Sie sich dafür nicht ebenso öffentlich entschuldigen, rede ich mit ihnen kein Wort!«

Michael Glos war baff, er verstand nicht, was ihm gerade geschah. Er hatte die Geschichte von damals längst tief im Vergessen begraben. Um so mehr erschrak er jetzt. Der Medien-Profi rang um Worte und fand sie lange nicht.

EIN WAHRER DEMOKRAT

Zuweilen geht es im Bundestag harsch zu, allemal in Debatten, wenn vermeintlich alle Welt zuguckt. Da werden dem politischen Widerpart böse Vokabeln und schlimme Vergleiche an den Kopf geschleudert, dass es nur so kracht. Das hebt das Selbstwertgefühl, das freut die Medien und das widert mich an.

Ich habe aber auch anderes erlebt. Als ich 1998 überraschend in den Bundestag gewählt wurde, ent-

schied ich mich für den Innenausschuss. Bürgerrechte und Demokratie waren meine Themen. Sie sind es noch heute. Wir fochten damals manchen Strauß aus, zumal nach dem 11. 9. 2001, nach den Terroranschlägen in den USA. Überraschend fand ich dabei einen Partner, und er empfand mich wohl ebenso – der FDP-Abgeordnete Max Stadler aus Bayern.

2002, fraktionslos, sollte ich auch im Innenausschuss irgendwo am Katzentisch platziert werden. Max Stadler war vehement dagegen. Er setze durch, dass ich einen Platz bekam, gleichberechtigt mit allen anderen Abgeordneten. Mehr noch. Fraktionslos hatte ich kein eigenes Antragsrecht mehr. »Petra, wenn du ein dringendes innenpolitisches Anliegen hast, dann sag es mir. Ich übernehme es ausnahmsweise als FDP-Antrag, selbst wenn ich es nicht teile.« So habe ich Max Stadler erlebt, als Demokrat durch und durch. Er starb leider 2013.

2010 versagte plötzlich meine Stimme. Ein Freund merkte sarkastisch an: »Politiker dürfen kopflos sein, auch hirnlos, aber niemals sprachlos.« Ich war sprachlos. Monatelang konnte ich nicht einmal eine Plenardebatte im Bundestag leiten. CDU-Abgeordnete steckten mir Hustenbonbons zu, Grüne empfahlen mir gute Ärzte, SPD-Kolleginnen spendeten Trost. Es war eine Odyssee. Ich hatte das Ende meines Engagements im Bundestag vor Augen.

2012 konnte ich erstmals wieder präsidieren, hörbar, mal besser, mal schlechter. Wenn schlechter, dann löste mich plötzlich Eduard Oswald ab, ebenfalls Vizepräsident des Bundestags. Er hatte die laufende Plenarsitzung in seinem Büro per Bundestags-TV verfolgt. »Petra, quäle dich nicht. Ich übernehme jetzt. Schone dich. Du wirst noch gebraucht!« Mahnte der CSU-Politiker.

EINHEITS-PARTEI

Es war Ostern, 2001. Das Internet war schon erfunden. Unsere E-Mails kreuzten sich im Stundentakt. Damals war ich stellvertretende Vorsitzende der PDS und mit Gabi Zimmer, seinerzeit Vorsitzende, einig, dass wir als neue Linke mit einer Geschichtslüge der SED aufräumen müssen. Es ging um die Vereinigung der KPD und der SPD 1946 zur SED. Sie jährte sich zum 55. Mal.

Zu DDR-Zeiten wurde sie als Sieg über die Spaltung der Arbeiterklasse in der Zeit des Faschismus gepriesen. Viele Sozialdemokraten wollten diese Einheit damals. Andere waren dagegen, etliche erlitten darob schlimme Repressalien.

Historiker, die der PDS nahe standen, hatten längst die SED-Legende erschüttert. Aber noch gab es keine offizielle Erklärung der PDS-Spitze dazu. Der Text, an dem wir feilten, musste Kritik aus allen Himmelsrichtungen standhalten. Er durfte auch nicht eine Fehldeutung einer komplexen Geschichte durch eine andere ersetzen. Also gab es diesen E-Mail-Austausch zwischen Gabi Zimmer, Peter Porsch, Thomas Flierl und mir, allesamt Mitglieder des PDS-Vorstandes.

Nach den Feiertagen wollten wir die gemeinsame Erklärung der Presse vorstellen. Möglichst in einer Gesprächsatmosphäre. Also einigten wir uns auf eine kleine Runde mit drei Journalisten: dpa, Tagesspiegel, Neues Deutschland. Das war gut gedacht, nur schlecht gemacht. Als wir Dienstagmorgen ins Karl-Liebknecht-Haus, dem Sitz des Parteivorstandes kamen, war der große Konferenzsaal bereits rappelvoll: Kamerateams, Fotografen, Journalistinnen und Journalisten, alle relevanten Medien waren vertreten. Die Auflösung war simpel. Die Nachrichtenagentur dpa hatte den Pressetermin vorab mit ihrer Tagesvorschau verbreitet.

Unsere vorbereitete Erklärung umfasste eineinhalb A-4-Seiten, darunter diese Sätze: »Auf dem Sonderparteitag im Dezember 1989 hatte sich die SED beim ›Volk der DDR‹ dafür entschuldigt, ›dass die ehemalige Führung der DDR unser Land in (eine) existenzgefährdende Krise geführt hat‹. Dazu stehen wir, und wir meinen aus heutiger Sicht: Dies sollte die Vereinigung von KPD und SPD einschließen. Denn die Gründung und Formierung der SED wurde auch mit politischen Täuschungen, Zwängen und Repressionen vollzogen.«

Das schlug ein wie eine Bombe. »Die Welt« dokumentierte den Text komplett. Aus den eigenen Reihen wurde uns »Klassenverrat« vorgeworfen. Es ging in den kommenden Wochen hoch her. Wir hatten für viele alte Genossinnen und Genossen, die es stets ehrlich meinten, eine heilige Kuh geschlachtet. Daran änderte vorerst auch wenig, dass der gesamte PDS-Vorstand diese Erklärung übernahm und bekräftigte.

Wenig später war ich in der Jüdischen Gemeinde Berlin zu Gast. Eine ältere Dame erwartete mich. Sie war SPD-Genossin, bereits 1946 und zuvor, und wollte sich nicht mit der KPD vereinigen. Sie kam ob ihrer Verweigerung in Haft und war danach in den Westen übergesiedelt. »Jetzt«, sagte sie mir, »kann ich wenigstens normal mit Ihnen sprechen. Sie haben mein politisches Schicksal anerkannt, endlich.«

DIE KONTERREVOLUTION

Der 3. Oktober ist im vereinten Deutschland Feiertag. Der Beitritt der DDR zur BRD-alt am 3. Oktober 1990 wird gelobt, es wird gebetet und geprostet. Wobei die offiziellen Feiern durch die Bundesrepublik touren. Gastgeber ist jeweils das Land, das gerade den Vorsitz im Bundesrat innehat. Das alles ist längst Routine. Doch es droht Ungemach, und das könnte aus Thüringen kommen. Mahnte jedenfalls Vera Lengsfeld (CDU) am 14. September 2014 in der Internetzeitung »DIE FREIE WELT«.

In der »Toscana des Ostens« – Selbstwerbung Thüringens – gab es seinerzeit Landtagswahlen. Die bundesweit spannende Frage hieß: Kommt es zu einer rot-rot-grünen Landesregierung und erstmals in der Geschichte der Bundesrepublik Deutschland zu einem Ministerpräsidenten der LINKEN? Die Gefahr war akut, und sie hatte einen Namen: Bodo Ramelow.

Zehn Jahre lang war er Gewerkschaftssekretär in Hessen. 1990 ging er »rüber« und wurde in Thüringen Landesvorsitzender der Gewerkschaft Handel, Banken und Versicherungen, kurz HBV. 1997 gehörte er zu den Initiatoren der »Erfurter Erklärung«, ein Aufruf von knapp 40 Künstlern, Intellektuellen, Geistigen, Gewerkschaftern und Politikern für mehr soziale Gerechtigkeit und für eine engere Zusammenarbeit von SPD, Grünen und PDS.

Angesichts des völkerrechtswidrigen Krieges gegen Ex-Jugoslawien, an dem die Bundeswehr 1999 durch die rot-grüne Bundesregierung beteiligt wurde, trat der bis dato parteilose Bodo Ramelow in die PDS ein. Ab 2005 gehörte er zu den Architekten der Partei DIE LINKE. Im Bundestag verband uns der gemeinsame Kampf gegen Antisemitismus. Später, er im Thüringer Landtag, ich im Bundestag, versuchten wir Licht in das Desaster rund um die Nazi-Mordserie namens NSU zu bringen.

Und so einer soll Ministerpräsident werden? Nie und nimmer!

Zumal: Käme dies so, dann wären auch die Feierlichkeiten zum 25. Jahrestag der Deutschen Einheit 2015 in höchster Gefahr, mahnte Vera Lengsfeld: »Die finden in Erfurt statt. Dass die dann von einem Linke-Ministerpräsidenten geleitet werden würden, kann man fast schon als Konterrevolution bezeichnen.« Danke, Kassandra, das musste mal gesagt werden! Auch wenn das Land den Bundesratsvorsitz erst ab 2021 inne haben wird, dem 200. Jahrestag des historischen Erdbebens zu Thüringen.

BEIFALL FÜR ANTI-BRANDT

Ach, Wolf Biermann. Er wurde aus der DDR ausge-
bürgert, 1976, schlimm, feige und bürgerrechtswid-
rig. Damals war ich 13 Jahre alt. Ich kenne seine Geschichte vom Hörensagen. Begegnet bin ich Biermann
am 7. November 2014. Wobei »begegnet« es nicht
recht trifft. Er saß sieben Meter vor mir, im Bundestag,
und beschimpfte mich als »Drachenbrut«, auch mich.

Das Plenum gedachte des Falls der Berliner Mauer
vor 25 Jahren. Wolf Biermann war als Ehrengast geladen. Er sollte an das überwundene DDR-Unrecht erinnern, singend. Er sang auch, zur Klampfe. Doch zuvor
sprach er, ungefragt, verbittert, zornig. Er beschimpfte
die Fraktion DIE LINKE als »der elende Rest dessen,
was zum Glück überwunden ist«.

Verwundertes Schweigen im Rund? Mitnichten! Der
halbe Saal war begeistert. Eine Sternstunde des Bundestags, fanden viele. Eine Mondfinsternis, meine ich.

Meine Fraktionskollegin Susanna Karawanskij (Jahr-
gang 1980) saß zur selben Zeit als Schriftführerin neben Bundestagspräsident Norbert Lammert, der die Tagung leitete. Sie schilderte ihre persönliche Begegnung
mit Biermann so: »Herr Biermann ist mit seinem Beitrag fertig und bedankt sich beim Bundestagspräsiden-
ten – schüttelt ihm die Hand, nachdem dieser ihm zum

silbernen Hochzeitstag gratulierte. Und dann dreht sich Biermann noch mal um und sagt: Sind Sie bei den Linken? Ich nicke. Am Gesicht, am Gesicht kann man das erkennen, geiferte Biermann«.

So weit auch diese Episode, die es nicht in die großen Medien schaffte.

Biermann nehme ich das alles nicht übel. Ihm ward eine medienträchtige Auftrittschance geboten und er nutzte sie auf seine Weise. Er rang mit der Vergangenheit und fand seine Bühne. Ich halte es eher mit Willy Brandt. »Jetzt wächst zusammen, was zusammen gehört«, hatte der damalige SPD-Vorsitzende angesichts der nahenden Deutschen Einheit 1989/90 gesagt. Wenig später fügte er im Bundestag mahnend hinzu: Nur »mit Takt und Respekt vor dem Selbstwertgefühl der bisher von uns getrennten Landsleute wird es möglich sein, dass ohne entstellende Narben zusammenwächst, was zusammen gehört«.

Biermann gab im Bundestag 2013 den »Anti-Brandt«. Danach lief der Vorsitzende der SPD, Sigmar Gabriel, mit der Vorsitzenden der CDU, Angela Merkel, um die Wette, um Wolf Biermann genau dafür zu danken.

BRISANTE AUSLASSUNGEN

Gelegentlich, wenn ich in Berlin bei öffentlichen Veranstaltungen unterwegs bin, treffe ich auf Kameraleute meines Heimatsenders. Gut so, denn offenbar wollen die Abendnachrichten darüber berichten. In meinem Team wurde eine Zeitlang flugs Wetten abgeschlossen. Wird der Beitrag mit Petra Pau im Bild gesendet oder ohne? Doch das ist längst vorbei. Es findet sich niemand mehr, der auf Ja setzt. Denn des Abends kam ich fast nie vor. Ich wurde akkurat geschnitten. Oder positiv gedeutet: Mein Heimatsender mag mich inzwischen so sehr, dass er mich rar macht. Und was selten ist, das weiß man aus der Wirtschaft, wird umso kostbarer. Also fühle ich mich geehrt.

Besonders gekonnt wurde ich so bei einem Gedenken in Marzahn aufgewertet. Es ging um ermordete Roma, die in der Nazi-Zeit dort in einem »Zigeuner-Lager« zusammengepfercht und später in NS-Konzentrationslager deportiert wurden. Exzessiv geschah dies ab 1936. Die Reichshauptstadt sollte zu den Olympischen Spielen »zigeunerfrei« sein. Eine Gedenkstätte nahe dem Waldfriedhof Marzahn erinnert daran. Dort trafen wir uns also. Und wir wurden vom rbb gefilmt, die Landesvorsitzende der Sinti und Roma Berlin-Brandenburg und ich, Petra Rosenberg und Petra Pau.

Wir standen nebeneinander, eng beieinander. Und abends wurde gesendet, ohne Petra Pau im Bild. Und weil man mich schwerlich allein aus dem Beitrag herausmogeln konnte, wurde kurzerhand die Repräsentantin der Sinti und Roma, Petra Rosenberg, ebenfalls ausgeblendet. Die Schnitter meines Heimatsenders waren meisterlich.

Überhaupt erkennt man den Charakter freier Medien nicht nur daran, was sie drucken oder senden. Nicht minder aufschlussreich ist das, was sie auslassen und verschweigen. 2014 eskalierte die sogenannte Ukraine-Krise. Tatsächlich geht es wohl eher um einen Machtkampf der USA gegen Russland und andersherum. Beide sind Atom-Mächte mit jeweils weltzerstörendem Militär-Potenzial. Was also lief und läuft da wirklich? Und warum? Wer diese einfachen Fragen überhaupt stellte, wurde flugs als »Putin-Versteher« gebrandmarkt, auch durch Beiträge der ARD und vom ZDF.

Am 5. Dezember 2014, es war ein Freitag, hatten fünf Dutzend Prominente einen besorgten Appell »Wieder Krieg in Europa? Nicht in unserem Namen!« für eine »neue Entspannungspolitik« und für einen »Dialog mit Russland« veröffentlicht. Zu den Erstunterzeichnern gehörten Mario Adorf (Schauspieler), Eberhard Diepgen (ehemaliger Regierender Bürgermeister von Berlin), Prof. Dr. Dr. Heino Falcke (Propst i. R.), Dr. Roman

Herzog (Bundespräsident a. D.) Christoph Hein (Schrift-steller), Dr. Dr. h. c. Burkhard Hirsch (Bundestagsvize-präsident a. D.), Volker Hörner (Akademiedirektor i. R), Dr. Sigmund Jähn (ehemaliger Kosmonaut), Prof. Dr. Dr. h. c. Margot Käßmann (ehemalige EKD Ratsvorsitzende und Bischöfin), Prof. Dr. Gabriele Krone-Schmalz (ehe-malige Korrespondentin der ARD in Moskau), Friedrich Küppersbusch (Journalist), Dr. h. c. Lothar de Maizière (Ministerpräsident a. D.) Dr. h. c. Otto Schily (Bundesmi-nister des Inneren a.D), Dr. h. c. Friedrich Schorlemmer (ev. Theologe, Bürgerrechtler), Georg Schramm (Ka-barettist), Gerhard Schröder, (Bundeskanzler a. D.), Hanna Schygulla (Schauspielerin, Sängerin), Dr. Man-fred Stolpe (Ministerpräsident a. D.), Prof. Dr. Walther Stützle (Staatssekretär der Verteidigung a. D.), Prof. Dr. h. c. Horst Teltschik (ehemaliger Berater im Bundes-kanzleramt für Sicherheit und Außenpolitik), Dr. Antje Vollmer (Vizepräsidentin des Deutschen Bundestages a. D.) Wim Wenders (Regisseur), Hans-Eckardt Wenzel (Liedermacher).

Die Liste der prominenten Mahner wider die aktu-elle Politik ist noch länger und bunter. Umso bemer-kenswerter bleibt: Weder die ARD noch das ZDF ver-breiteten diese Friedensbotschaft aktuell. Es herrschte öffentlich-rechtliche Funkstille, dank unser aller Ge-bühren – oder genauer gefragt: trotz?

126

ANSTAND DER ZUSTÄNDIGEN

Als »Aufstand der Anständigen« gilt eine Massen-
kundgebung im Jahr 2000 mit geschätzt zweihundert-
tausend Teilnehmerinnen und Teilnehmerin in Berlin.
Vorausgegangen war ein Attentat auf Jüdinnen und Juden in Düsseldorf. Es gilt bis heute als nicht aufgeklärt.
Angemahnt hatte das demonstrative Zeichen gegen
Antisemitismus der damalige Vorsitzende des Zent-
ralrats der Juden in Deutschland, Paul Spiegel. Dazu
aufgerufen hatte schließlich Bundeskanzler Gerhard
Schröder (SPD). Ich gehörte seinerzeit als Landesvorsitzende der Berliner PDS zum erweiterten Organisa-
tionskomitee, engagiert und durchaus dankbar ob des
Erfolges.

Später las ich die Geschichte etwas anders. 1991/92
gab es in Deutschland eine extrem-ausländerfeindliche
Stimmung. Sie nahm pogromartige Züge an. Nahezu
jeden Tag gab es Attacken gegen Asylsuchende und
Migranten, gegen ihre Heime und Wohnungen, in Ost
und West. Hoyerswerda und Mölln, Rostock-Lichten-
hagen und Solingen wurden Synonyme dafür. Hass
wütete, Verletzte und Tote waren zu beklagen, viele.
Das sorgte für Schlagzeilen, weltweit, schlechte für
Deutschland und deutsche Unternehmen. Befürchtete
Bundesaußenminister Klaus Kinkel (FDP) seinerzeit

und regte regierungsintern einen »Aufstand der Anständigen« an.

Diese Geschichte kannte ich 2000 noch nicht. Kinkels Image-Idee wurde, warum auch immer, verworfen. Stattdessen folgten CDU/CSU, SPD und FDP dem Aufstand der Unanständigen. Sie schleiften de facto Artikel 16 Grundgesetz, das Grundrecht auf Asyl. Seit ich die Untergründe dieser Kohl-Kinkel-Lafontaine-Geschichte kenne, werde ich noch hellhöriger, wenn Regierende zum Aufstand rufen. Wogegen eigentlich, gegen Unbill oder gegen Ursachen?

Im Herbst 2014 machte eine Bürgerbewegung namens »Pegida« Furore, allemal in Dresden – »Patriotische Europäer gegen die Islamisierung des Abendlandes«. Auf so eine paranoide Parole muss man erst einmal kommen. Aber sie zog erst fünf-, dann zehn-, später mehr als fünfzehntausend Demonstranten auf Straßen und Plätze, immer wieder montags, mittenmang und vorneweg bekannte Neo-Nazis, deutschnational gegen Flüchtlinge und Ausländer hetzend.

Wissenschaftler, Publizisten und Politiker rätseln seither, was dort abgeht, warum und was dagegen zu tun sei. Von allgemeiner Verunsicherung ist die Rede, von erlebter Unmündigkeit, von immer mehr Bürgerinnen und Bürgern, die sich durch die offizielle Politik und das Gros der Medien verraten und verkauft wähnen. Und das ausgerechnet in der »Heldenstadt«

Dresden, wo 1989 der oppositionelle DDR-Anspruch »Wir sind das Volk« durch PR-Manager von Kanzler Helmut Kohl in den BRD-Slogan »Wir sind ein Volk« umgemünzt wurde. 25 Jahre später entladen sich Ängste und Frust. Vieles davon kann ich gut nachvollziehen. Aber »Pegida«, deutsch-national und fremdenfeindlich? Um Himmels willen und aus linker Sicht: Nein! Oder wie 89er-DDR-Bürgerrechtler zuspitzten: »Jesus würde kotzen!«

Plötzlich, 2015, meldete sich auch Alt-Bundeskanzler Schröder (SPD) wieder zu Wort. Er forderte erneut einen »Aufstand der Anständigen«. Wie anno 2000? Oder wie Kinkel 1992? Damit das Ausland nicht verunsichert wird und deutsche Unternehmen international nicht geschmäht werden?

Ja, ich bin seit langem für einen Aufstand der Anständigen. Er ist überfällig! Aber er muss vor allem den Anstand der Zuständigen fordern. Politiker, die das Asylrecht geschleift und »Hartz IV« beschlossen haben, sind bei alledem keine glaubwürdigen Propheten.

SITUATIV-HIGHLIGHTS

Natürlich wüsste auch ich gern, was die Zukunft verheißt. Und was wirklich war. Aber ich habe weder Lust
noch Zeit, mir einen ganzen Parteitag der CDU oder
einer anderen Regierungspartei von vorn bis hinten
anzutun, auf dem verkündet und beschlossen wird,
was war und was wahr ist. Zumal: Es gibt sie ja längst
auch als Quickie: »an« Weihnachten, wie das Wessi
meint, und »zu« Silvester, wie das Ossi trotzt, jeweils
als gesamtdeutsche Ausgabe, frei Haus. Einmal flim-
mert die Kanzlerin ins Zimmer, andermal der Bundespräsident auf den Flachschirm. Beide mit ungemein
gütigen und fortan geltenden Botschaften. Weshalb
ihre Ansprachen ans Volk auch so lange wiederholt
werden, bis ihnen niemand mehr entfliehen kann.

Mal kurz gefragt: Wissen Sie eigentlich, wer wann
auf Sendung geht? Die Kanzlerin zur Weihnacht, der
Bundespräsident an Silvester? Oder doch andersherum? Und was war eigentlich 1969/70 in der alten
Bundesrepublik Deutschland los. Bis dato hielt der
Bundespräsident die Neujahrsansprache, während der
Bundeskanzler weihnachtlich predigte. Dann wurden
die Rollen und Daten plötzlich getauscht. Gab es einfach nur Terminprobleme, oder steckte dahinter ein
fulminanter Plan?

Diese und weitere Fragen haben längst die große Wissenschaft erreicht. So trägt eine Doktorarbeit aus dem Jahre 2006 den erhellenden Titel »Vertrauen generierende und Faszination stimulierende Situativstrategien der Bundeskanzler Helmut Kohl und Gerhard Schröder am Beispiel der Neujahrsansprache« und so weiter.

Wobei Kohl als situatives Stimulanzbeispiel gut gewählt scheint. Seine Ansprache anno Silvester 1985 war so vorzüglich, dass sie ein Jahr später exakt noch einmal gesendet wurde. Gut, das spart obendrein Kosten und Kostüme.

Es soll ja gestrenge Eltern geben, die versuchen, ihren pubertierenden Nachwuchs Silvester mit der pädagogisch wertvollen Drohung aufzuhalten: »Wenn du heute noch aufbleiben willst, dann musst du vorher aber mit uns der Neujahrsansprache lauschen!« Drohen mit Höchststrafe? Böse Zungen behaupten allerdings: Das soll gelegentlich sogar geklappt haben!

Bei mir daheim geht es entspannter zu. Wir haben zwei Fernsehgeräte. So kann ich mich seit zehn Jahren ohne familiäre Verwerfungen Angela Merkel widmen und vergleichen: Was hat sie voriges Jahr geboten und was diesmal? Die Nuancen sind wichtig. Und was fehlt. So wurde zur Ansprache 2015 die allseits beliebte Raute der Kanzlerin vermisst, also ihre zum Herzchen geformten Händchen. Nicht minder überraschte, dass

sie im knallroten Bläser auftrat und nicht christdemo-
kratisch blau. Das gibt Stoff für neue Doktorarbeiten.
Ansonsten ähnelte ihre situative Stimulanz 2015 sehr
der anno 2014. Sie pries Deutschland, alle Guten und
die Politik, also sich. Sie sprach von bösen Gefahren,
die zu bannen seien, 2014 das Hochwasser, 2015 Zar
Putin. Und sie wünschte uns auch fürderhin Gottes
Segen. Also alles wie immer? Nein! Alle Merkel-Ken-
ner waren perplex. Sie kam aus der Deckung, sie legte
sich fest, sie sprach plötzlich Klartext, also alles, was
sie sonst tunlichst meidet. Angela Merkel warnte vor
Deutschen mit Hass im Herzen, die des Montags gegen Flüchtlinge und den Islam demonstrieren. In dieser halben Minute war sie fast auch meine Kanzlerin.

INTERVIEW ZU BISKY

Am 13. August 2013 starb Prof. Lothar Bisky. Plötzlich
und unerwartet, wie es lakonisch heißt. Ich war be-
stürzt. Alle deutschen Medien gingen sofort auf Sendung. Schon die Biografie von Lothar war atypisch. Er
wuchs in Schleswig-Holstein auf, ging aber 1959 als
18-Jähriger in die DDR, weil er sich dort bessere Aus-
bildungschancen versprach. Er studierte Philosophie

und Kulturwissenschaften. Nach vielen beruflichen Zwischenstationen wurde er Rektor der Hochschule für Film und Fernsehen Potsdam. Einer seiner bekanntesten Studenten, der Regisseur Andreas Dresen, würdigte Lothar Bisky bei dessen Beisetzung sehr bewegt und bewegend. Die Wendezeit in der DDR zog Lothar in die Politik. Am 18. März 1990 wurde er in die letzte Volkskammer der DDR gewählt. Er war Mitglied im Brandenburger Landtag, auch dessen Vizepräsident. 2005 wurde er Mitglied des Deutschen Bundestages, 2009 des Europa-Parlaments. Dort erkor die Fraktion GUE/NGL, ein Zusammenschluss von Sozialisten, Kommunisten und linken Grünen aus mehreren Ländern, Lothar zu ihrem Vorsitzenden. Außerdem agierte er zwei Mal als Vorsitzender der Partei des Demokratischen Sozialismus (PDS) beziehungsweise der Partei DIE LINKE.

Die Absage an den »Stalinismus als System« auf dem außerordentlichen Parteitag der SED im Dezember 1989 hat er nicht nur getragen, er hat sie gelebt.

2013 trat er demonstrativ in das innerparteiliche »Forum demokratischer Sozialismus« (FDS) der Partei DIE LINKE ein.

Unmittelbar nach dem Tod von Lothar Bisky wurde ich in einem Interview zu ihm befragt:

»Er war kein Lautsprecher«
(15. August 2013)

Seit wann kannten Sie Lothar Bisky?

Petra Pau: Wahrgenommen hatte ich ihn erstmals durch seine Rede auf der großen Bürgerrechtskundgebung am 4. November 1989 auf dem Berliner Alex. Aus gemeinsamer Arbeit kenne ich ihn seit 1992, nachdem ich Landesvorsitzende der Berliner PDS geworden war.

Was haben Sie an ihm besonders geschätzt?

Als Politiker, auch als Parteivorsitzender, war er sehr angenehm atypisch. Mit Hierarchien konnte er wohl nie etwas anfangen, mit Rechthaberei schon gar nicht. Er war kein Lautsprecher. Lothar war ein Fragender, ein Suchender, ein Denkender, ein Bittender.

Ein Kommentator schrieb in seinem Nachruf: »Ein Mensch wie Lothar Bisky käme heute in keiner Partei in eine Spitzenposition«.

Seit Lothar Bisky gestorben ist, habe ich viel über die politische Kultur hierzulande nachgedacht. Das beginnt bei den Medien. 16.40 Uhr erfuhr ich von sei-

nem Tod. 16.45 Uhr hatte ich bereits vier Interview-
anfragen dazu.

Und?

Ich habe zugesagt. Wir leben in einer Medienge-
sellschaft und ich mache auch keinem Journalisten
daraus einen Vorwurf. Aber trotzdem trägt diese
Schnelllebigkeit schizophrene Züge. Man wird zu zi-
tierfähigen Sätzen gedrängt, während man sich traurig
Innehalten und Stille wünscht.

*In den meisten aktuellen Kommentaren wird Lothar Bisky
positiv gewürdigt.*

Das finde ich angemessen, aber auch das gehört zum
Widersinn. Wie oft wurde er in seiner Amtszeit gescholten, er habe eine langweilige Rede gehalten oder er setze
sich als Vorsitzender einfach nicht durch. Plötzlich gilt
das vermeintliche Manko als menschliche Tugend.

Sie beklagen schlechten Journalismus?

Nein, so einfach mache ich es mir eben nicht. Ich
kenne JournalistInnen aus Medien, die in manchen
linken Kreisen als böse-bürgerlich gelten. Es geht hier
nicht um Namen. Aber sie haben Lothar Bisky seit

1990 begleitet. Sie schätzten ihn und seine Art sehr. Aber die Schlagzeilen setzten andere, meist parteipolitisch, also häufig gegen Lothar.

Lothar Bisky war selten in Talkshows.

Es gibt im deutschen Fernsehen keinen Mangel an Talkshows. Aber sie werden immer niveauloser. Entweder werden Politiker gegeneinander gehetzt. Oder es werden belanglose Themen aufgebläht. Typen, wie Lothar Bisky, sind da nicht gefragt.

Worte des Bedauerns über den Tod von Lothar Bisky kommen aus allen Parteien, der CDU, der SPD, der FDP ...

... ich unterstelle mal freundlich, die Worte sind ehrlich gemeint und nicht nur die übliche Huldigungsroutine. Etwa, wenn Lothar nun bescheinigt wird, dass er immer kulturvoll mit anderen umging, selbst mit Konkurrenten, und dass er stets ein verlässlicher Partner war. Und schon sind wir wieder bei der politischen Unkultur, über die ich seit Tagen nachdenke.

Inwiefern?

Wenn Lothar Bisky in den Augen der CDU, SPD, FDP und Bündnis 90/Die Grünen solche Qualitäten verkörpert hat, wie sie ihm nun posthum bescheinigt werden, warum hat man ihn dann 2005 bei seiner Kandidatur zum Vizepräsidenten des Bundestages vier Mal durchrauschen lassen?

Sie meinen, das passt nicht zusammen?

Leider doch. Nicht aus meiner Sicht, aber im unsäglichen Selbstverständnis der Politik. Ich illustriere das gern mit einem zweiten Beispiel.

Bitte!

Stefan Heym war Jude. Er musste als Jugendlicher vor den Nazis fliehen und kam mit der US-Armee als Befreier nach Deutschland zurück. Als gefragter Schriftsteller wurde er in der DDR mit Argwohn und Schlimmerem bedacht, weil er ein kritischer Linker war. In der BRD ward er deswegen hoch gelobt, weil er dadurch ein Kritiker in der DDR war. Im vereinten Deutschland wurde er 1994 für die PDS in den Bundestag gewählt und hielt dort als Alterspräsident eine sehr nachdenkliche Eröffnungsrede. Die etablierten Parteipolitiker, die den linken Heym noch vor Jahren gepriesen hatten, begegneten ihm, dem immer noch linken Heym, nun mit Eiseskälte. Diese menschliche Schmähung war eine politische Offenbarung.

In der Parteipolitik gilt der eigene Erfolg und nicht der Mensch?

Zu häufig. Das macht sie kulturlos und für viele abstoßend. Nehmen wir das Beispiel Heiner Geißler. Als CDU-Generalsekretär war er der bestellte Haudrauf gegen alle, die als Linke galten. Vom Amte befreit, als denkender Bürger, wurde er ein kapitalismuskritisches Attac-Mitglied.

Kurzum: Parteipolitik versaut den Charakter?

Da ist viel dran. Nur: Lothar Bisky hat das Gegenteil bewiesen und gelebt. Ich wünsche mir mehr solcher Vorbilder in der Politik.

EPILOG

Jahrelang war ich in Funk und Fernsehen immer dann gefragt, wenn es rückblickend um die DDR ging. Vielleicht, weil meine Vorsitzenden nicht konnten oder nicht wollten. Vielleicht auch, weil meine kritische Sicht auf die DDR bekannt war. Was mir durchaus innerparteiliche Schelte einbrachte, etwa durch Hans Modrow, dem vorletzten Ministerpräsidenten der DDR und langjährigen Ehrenvorsitzenden der PDS. Vielleicht aber auch nur, weil man dem Bösen ein Gesicht geben wollte, meins.

Irgendwann beschloss ich: Nun ist gut. Ich bin Innenpolitikerin und nicht Sprecherin für rückwärtige Dienste. Den letzten Anstoß dafür gab die ARD. Sie übertrug an einem 3. Oktober den offiziellen Festakt zur Deutschen Einheit. Ich saß als Vizepräsidentin des Bundestages wie immer relativ weit vorn. Als der Redner »Verbrechen« und »DDR« sprach, zoomte mich die Kamera heran, so dass ich daheim alle Bildschirme füllte. Petra Pau als Inkarnation des Bösen, war die Botschaft. Noch dazu öffentlich-rechtlich vorbereitet. Denn die Regie musste ja gewusst haben, wann die Stichworte kommen und was dann zu tun sei. Genug ist genug, ich lehnte fürderhin Einladungen zu westlich dominierten Geschichtsexkursen ab.

Bis 2014, da ließ ich mich erstmals wieder auf eine öffentliche Debatte ein. Die Landeszentrale für politische Bildung Baden-Württemberg hatte eine Veranstaltungsreihe aufgelegt: »25 Jahre Wende in der DDR, 24 Jahre Deutsche Einheit – eine Erfolgsgeschichte?« Wohin diese Bildungsreise in die Vergangenheit führen sollte, verrieten mir schell die Namen weiterer Referenten, die angefragt waren: Hubertus Knabe, Direktor der Gedenkstätte Berlin-Hohenschönhausen im ehemaligen zentralen Untersuchungsgefängnis der Staatssicherheit. Marianne Birthler, jahrelang Bundesbeauftragte für die Unterlagen des Staatssicherheitsdienstes der ehemaligen Deutschen Demokratischen Republik, und so weiter. Ich sollte das alles komplettieren, als abartige Exotin oder als prominente Kronzeugin. Welch fragwürdige Ehre!

Nach langem Bedenken sagte ich dennoch zu. Mir wurde freigestellt, das Thema meines Diskussionsabends selbst zu wählen. Und so gab ich vor: »Links im 21. Jahrhundert«. Natürlich sprach ich auch über die DDR und warum diese scheitern musste. Ich erinnerte an den damaligen Sozialminister der BRD, Norbert Blüm (CDU), der 1990 frohlockte: »Marx ist tot, Jesus lebt!« Und an den USA-Politwissenschaftler Francis Fukuyama, der den Zusammenbruch der Sowjetunion 1993 als »Ende der Geschichte« bejubelt hatte. Beiden widersprach ich vehement: dem ersten aus Überzeugung, dem zweiten aus Hoffnung und beiden als Linke.

Hinzu kommt, dass die klassischen Themen der politischen Linken aktueller denn je sind, von sozialer Gerechtigkeit über mehr Demokratie bis hin zu »Frieden schaffen mit immer weniger Waffen.« So weit, so bekannt, so unerfüllt. Sollte dies also das Ende der Geschichte sein, wie prophezeit, so wäre es eine schlechte Geschichte und ein schlechtes Ende.

Dabei naht Neues am weltgeschichtlichen Horizont. Könnte es nicht sein, dass im Schoße des Kapitalismus inzwischen Lösungen reifen, die über ihn hinausweisen? Jede gesellschaftliche Revolution hatte stets zwei materielle Grundlagen: bislang nicht gekannte Möglichkeiten der Kommunikation und epochal neue Energiequellen. Im Zusammenspiel ermöglichten sie historisch Auf- und Ausbrüche, politische Kämpfe inklusive. Auch der Kapitalismus konnte sich erst entfalten, nachdem Telegrafie und Telefonie erfunden waren und Kohle, Öl und Gas massenhaft Energie spendeten.

Was wäre also, wenn die aktuellen Stichworte dafür »Solar« und »Internet« heißen? Wenn Monopol und Profit dadurch infrage gestellt werden könnten? Wenn sich für Teilhabe und Gerechtigkeit völlig neue Chancen eröffnen würden? Wenn die »Industrie 4.0«, um ein Stichwort aufzugreifen, geradezu revolutionäre Potenziale birgt? Und wenn dadurch der Mensch, wie

Karl Marx prophezeite, aus dem Zwang der Arbeit in das Reich der Freiheit treten könnte?

Eine Annahme, die aktuell von etlichen Wissenschaftlern geteilt wird. Für Linke würde dies allerdings auch bedeuten: Es reicht nicht, rot zu bleiben. Sie müssen im 21. Jahrhundert zugleich grün und Pirat sein, obendrein wissenschaftlich und wirtschaftlich engagiert.

Ich fühlte mich also gut vorbereitet und fuhr dennoch mit einem zwiespältigen Gefühl nach Freiburg. Wird überhaupt jemand zu meiner Veranstaltung in die Uni kommen? Und wenn ja, mit welchen Erwartungen? Ich wurde überrascht. Die örtliche Presse zählte rund 200 Interessenten, junge Leute, zumeist Studentinnen und Studenten, aber auch Leute, die auf der Suche nach ihrem dritten linken Leben sind. Nach meinem Vortrag über »Links im 21. Jahrhundert« diskutierten wir eifrig, nicht nach hinten, durchweg nach vorn. Der Veranstalter schloss den lebendigen Abend mit dem erfrischenden Satz: »So viel Karl Marx war in diesem Hörsaal lange nicht. Danke, Frau Pau!«

Fotos: Elke Brosow (2), Marion Heinrich (1), Axel Hildebrandt (3),
Carlos Katins (3), privat (1), Frank Schwarz (2), Heidi Wagner (1)

ISBN 978-3-359-02476-7

Die Bücher des Eulenspiegel Verlags erscheinen
in der Eulenspiegel Verlagsgruppe.

www.eulenspiegel-verlagsgruppe.de